博物館 DX と
次世代考古学

野口　淳　編
村野正景

まえがき　本書の趣旨

はじめに

　「博物館DX（Digital X-formation、デジタル・トランスフォーメーション）」とは、どのような考え方で、どんな実践をおこなおうというのだろうか。学芸員や博物館関係者に近年強く意識されているこのテーマについて、本書は主にとりあげる。日本で博物館DXを正面に扱うのは、本書が初となる。

　本書では、博物館DXを①理論・制度、②実践、③技術の3側面から立体的且つ具体的に把握しようと試みる。とはいえ、技術進化の速いこのテーマにおいて本書が目指すのは、執筆時点での達成や懸念を報告し、さらにこれからの礎となろうというものである。

　したがって、博物館DXをこれから進めようとする方々、現在取り組んでいる方々、これに関わろうとする方々には、特に本書を手に取っていただきたいし、「博物館概論」や「博物館情報・メディア論」などの学芸員資格科目で扱っていただきたいと思う。そうして本書が、学芸員や技術者、博物館利用者、そのほか関係者等のあいだで情報交流や議論のうまれるきっかけとなれば嬉しい。

本書の企画意図

　それでは、本書企画の意図を説明したい。これは大きく2つある。

　1つ目は、社会全体の要望による。博物館活動のデジタル化が世界各地で進み、日本でも2022年4月に公布された改正博物館法等でDXが重視されている。昨今の博物館の利用者や関係者は各種デジタル情報を求め、外国人来館者にいたっては、博物館に関する情報取得の手段が紙媒体のガイドブックからインターネット・サービスへと完全に転換したというデータもある（学習普及連携室2024）。

このような状況下、誤解を恐れず単純化して言えば、DX に取り組まぬ博物館は取り残されてしまう、そんな危機感すら博物館側にはある。改正博物館法はその意味で DX 事業に取り組みたい博物館を後押ししてくれ、また同時に各企業・組織は博物館にとって魅力的なデジタル技術を多数生み出してくれている。しかしながら、法律や技術を現場が使いこなそうと思う時、すぐできるだろうか。何から手をつけて、どう構想して、それをどのように具体化すればよいのだろうと感じているのが現場の実際ではなかろうか。

　そこで、このような社会の期待に応じようとする博物館や関係者の導きの糸となりたいと考え、本書は企画された。

＊

　本書企画経緯の 2 つ目は、公立小松大学次世代考古学研究センターのセミナーシリーズ第 1 回「博物館 DX と次世代考古学」である。同センターは 2023 年 4 月に設立され、その趣旨や実践、今後の展望等を広く紹介するセミナーを同年 7 月 22 日に開催した。本書企画の直接の契機はこのセミナーに由来し、本書タイトルもこれが所以である。

　同センターの名称にもある次世代考古学のカタチは、中村誠一センター長が論じているよう「3 次元考古学」「文・理・医の融合考古学」「進化したパブリックアーケオロジー」の 3 つがある。これらの実践の場であり、且つ研究成果の共有・普及の場として博物館は欠かせない。とりわけ同センターは、セミナー開催当時、中米ホンジュラス共和国のコパン考古学博物館のリニューアルにあたり、展示計画の立案や指導、3D コンテンツの作成等を担っており、2024 年 9 月の開館に向けて現地の方々と共同して準備を進めていた。そして開館後は、この地域にエコミュージアムのシステムを導入して、まちづくりや文化振興に貢献できるよう構想をもっていた（中村 2019・2020、Gokita 2024）。いわば文化遺産国際協力の要として、

次世代考古学と博物館 DX を議論し、より良いあり方を探る必要が
あった。

　そこで日本の博物館法改正と DX 事業の実践を踏まえて国際的な
博物館活動へと展開することを視野に入れ、それに資する知見をま
とめたいと考えたことも、本書企画の目的であった。

本書の構成

　以上の趣旨に基づき、上記セミナーの登壇者を核として本書は構
成された。

　第 1 章は「理論と制度」として、次世代考古学研究センター長の
中村誠一氏に次世代考古学のカタチや中米の開発途上国での博物館
支援、それから改正博物館法に関わった文化庁の中尾智行氏と、元
文化庁勤務で文化政策に詳しい朝倉由希氏に法制度面を詳述いただ
いた。

　第 2 章は「博物館 DX の実践と展開」と題し、考古学および博物
館学を専門とする本書編集者 2 名の実践的研究報告に加えて、博物
館 DX を語る上でセミナー当時に不足していた分野・テーマを専門
とする方々に執筆いただいた。すなわち考古学分野以外の方々であ
り、美術品や地理情報などの文化資源のデジタル化を早くより進め
ておられる矢野桂司氏と赤間亮氏、また自然史系資料のデジタル公
開と課題について佐久間大輔氏、文献資料のアーカイブについて西
山剛氏に寄稿いただいた。また阿児雄之氏には、博物館間それに関
係機関とのデータ連携のためのデジタルアーカイブ環境について紹
介いただいた。そして岡崎敦氏には、今後の人材育成という点でも
欠かせない DX 時代の資料・情報管理専門職のあり方について詳し
く論じていただいた。

　第 3 章は「最新の DX 技術」である。本書の編集者らは「そもそ
も多様な技術があるのは知っているが、どの業者がどんな技術をも

ち、どう使われているのか、あまりに情報がありすぎてわかりにくい」、そんな声をよく聞いていた。また業者などの共働相手選びで、博物館側がさらに気になるのは、相手がもつ思想・思考である。単に利益追求型かどうかということではない（気になることではあるが）。各博物館の「困った」を共に解決していけそうか、博物館それぞれの役割や目標を理解してもらえるか、いわば博物館の思想・思考に共鳴できるかである。博物館と技術の出会いは、技術的要望と共に思想・思考のマッチングが鍵となる。このような考えに基づきつつ、本書編集者らの共働先の方々に各自の技術や考えを執筆いただくことにし、それをまとめたのが本書第3章である。

　第4章の「ディスカッション」は、上記セミナーのそれの書き起こしである。ここでは、モデレーターの関雄二氏が発する問い、すなわち博物館DXの博物館活動全体の中での位置づけや評価、DX人材の育成、国際協力への展開といった多様な側面の議論をおこなった。内容を読んだいただければわかるとおり、「正しい答え」が見出されたというよりも、「多様な考え方」が示されている。本書全体の方針も、博物館DXの何か一つのあり方ではなく、多様なあり方の提示にあり、読者は最初に第4章を読んでいただくと、よりメタな視点をもって本書を読み進めていただけるかもしれない。

おわりに

　本書は、上記セミナーに参加してくださった株式会社雄山閣の桑門智亜紀氏にお声がけいただいたことから準備が進んだ。本書タイトルのうち次世代考古学の方面は、3D考古学をはじめ別に深めることとし、この領域を含みつつも、本書が博物館DXへ重きを置く企画方針も桑門氏と編者両名、それに中村センター長との話し合いで決まっていった。その方針に基づき協力を依頼した執筆者の皆様のお力によって、本書の出版へ至ることができた。改めて衷心より

感謝の意を表したい。ただひとえに編集者の力不足のため、ご寄稿いただいてから時間が経っての出版となったこと、重ね重ねお詫び申し上げたい。

　このような過程を経て作成された本書は、これまでの博物館学の書籍よりもさらに多くの方々に関心を寄せていただけるものと感じている。現在、筆者の勤務する静岡大学情報学部は、AI や 3 次元計測などを開発・研究する工学系とメディア論などを専門とする文系が融合し、DX へ注目する教員や学生が多い。こうした方々も、本書の案や草稿等に強い興味を示してくださり、早く世に出すよう心強い言葉をかけてくださった。このように博物館の関係人口はDX によって広がりつつあることを実感する。本書がそれを加速させる一つのきっかけとなれば幸いである。

引用・参考文献

学習普及連携室 2024「京都文化博物館の外国人来場者調査：データから外国人対応のあり方を考える」『朱雀』第 36 集、京都府京都文化博物館、55‐64 頁

中村誠一 2019「世界遺産があるコミュニティと博物館―ホンジュラスのコパンルイナスの事例より―」『金沢大学文化資源学研究』第 21 号、金沢大学、25‐32 頁

中村誠一 2020「中米における遺跡を活用した国際協力事業：グアテマラとホンジュラスの事例」『第 26 回文化遺産国際協力コンソーシアム研究会「文化遺産と SDGs II―世界では、いま何が語られているのか―」報告書』文化遺産国際協力コンソーシアム、32‐45 頁

Gokita, Makiha. 2024. *Cultural Resource Management with a Regional Museum at its Core: The Case of Copán Ruinas, Honduras*. Doctoral Dissertation. Kanazawa University.

編者　村野正景

博物館 DX と次世代考古学 ●目　次●

まえがき　本書の趣旨 ……………………………… 村野正景　i

第1章
博物館 DX の理論と制度
Theory and System of Museum DX

次世代考古学とは何か
小松大学次世代考古学研究センターとホンジュラスの博物館への協力
……………………………………………… 中村誠一　3

博物館 DX の課題と展望 ……………………… 中尾智行　15

文化政策の転換と博物館の役割 ……………… 朝倉由希　31

第2章
博物館 DX の実践と展開
Practice and Development of Museum DX

次世代技術が変える未来の考古学・博物館 … 野口　淳　45

ミュージアム DX と社会的課題
京都府京都文化博物館の実践と展望 ………………… 村野正景　61

収蔵資料のデジタル化と仲間づくり
石棒クラブと飛騨みやがわ考古民俗館の取組み ……… 三好清超　85

自然史系資料のデジタル公開と課題 …………… 佐久間大輔　93

文化資源のデジタル化・公開手法の開発
立命館アート・リサーチセンターの運用と展開

················· 矢野桂司・赤間　亮　101

博物館デジタルアーカイブと
ジャパンサーチでつくるエコシステム ······· 阿児雄之　111

デジタルアーカイブで広がる寺社史料の可能性
菅公御神忌 1125 年半萬燈祭に際する『北野文叢』のデータベース公開

················· 西山　剛　119

DX 時代の資料・情報管理専門職とは
どのような存在なのか ················· 岡崎　敦　125

第 3 章

最新の DX 技術
The Latest DX Technique

Volumetric Video
無形文化財のアーカイブとその活用 ················· 中川源洋　137

赤外線カメラ【IR システム】
8,000 万画素の高精細な赤外線画像 ················· 宮田正人　139

点群データ活用ソフト InfiPoints
3D 立体視ディスプレイがもたらす新たな展示体験 ··· 中川大輔　141

3D スキャンアプリ Scaniverse
AR 体験へつながる 3D モデルの可能性················· 白石淳二　144

vii

ニコン Z8・Z6 Ⅲ・Zf によるピクセルシフトと HDR 撮影
高解像度一辺倒から＋高演色・高質感描写への展開
.... 片山　響・堀内保彦　147

広域・景観フォトグラメトリ
ランドスケープの再現　.. 嘉本　聡　149

デジタルアーカイブシステム ADEAC
デジタルアーカイブの構築のこれから　............ 田山健二　151

I.B.MUSEUM SaaS
博物館デジタルアーカイブのプラットフォーム............ 内田剛史　153

AR タイムマシーン
博物館で体験する時空の旅　............................ 町田香織　155

文化財建築 3D アーカイブ
フォトグラメトリとレーザースキャナの場合 ... 平山智予・長坂匡幸　157

みんキャプ
市民参加型の 3D デジタルアーカイブ活動............ 久田智之　160

文化財 BIM と XR プラットフォーム STYLY
建築デジタルアーカイブの XR 活用 .... 桑山優樹　162

第 4 章　ディスカッション
博物館 DX のいまとこれから............ 165
Current situation and prospects of Museum DX

モデレーター　関　雄二

パネラー　　　中村誠一・中尾智行・朝倉由希・村野正景・野口　淳

第 1 章

博物館 DX の理論と制度

Theory and System of Museum DX

次世代考古学とは何か

小松大学次世代考古学研究センターと
ホンジュラスの博物館への協力

 中村誠一　NAKAMURA Seiichi　　公立小松大学大学院 特別招聘教授
次世代考古学研究センター長

1　次世代考古学研究センターの設立

　公立小松大学次世代考古学研究センターは、2023年4月1日にサイエンスヒルズこまつのビジネス創造プラザの中に設置された。設置の目的は、公立小松大学が有する人的知的資源を活用して、国内外の文化資源に関する次世代型の研究拠点を形成することである。マヤ文明の世界遺産研究部門と、日本遺産に登録されている小松の石文化研究部門という2つから構成されている。

　マヤ文明の世界遺産研究部門では、ホンジュラスのコパン遺跡とグアテマラのティカル遺跡の2つを主な対象とし、次世代型のマヤ考古学の調査研究法の開拓、文理融合の調査研究アプローチを実践する世界的研究拠点の創成、融合研究成果の社会還元・社会実装、そして各分野におけるSDGs達成への貢献を目指している。小松の石文化研究部門では、小松市埋蔵文化財センターや小松市文化振興課等と連携しつつ、小松の石文化を通した産官学協働による地域社会活性化の推進、小松市の文化財関連施策への協力・貢献、そして、公立小松大学生に対する地域活性化に係るフィールド教育手法の開発を目指している。

2 次世代考古学のカタチ

(1) 三次元考古学

　博物館 DX に関する詳細な議論は、先生方の発表にゆだねるとして、私の発表ではセンターの名称にも示している「次世代考古学」として、我々はどういうものをイメージしているか、ということを簡単に説明したい。

　まず1つ目は、3D の考古学、三次元考古学であり、具体的には、様々な状況、対象に即した三次元計測法の開拓とそのデータの活用に基づいた考古学の実践である。この様々な状況というのは、例えば、日本では可能だが途上国では機材がないから出来ない、あるいは、機材はあるが、特定の状況下、例えばドローンなどを使って、上空から写真を撮ってフォトグラメトリ（撮影写真による 3D 化）を行いたいが、そもそも、ドローンを使うこと自体が禁止されている国、地域、遺跡がある等のことで、様々な状況と対象に即した、多様な計測法を考えて開拓していきたいと考えている。また、こういった様々な三次元計測法の比較を通し、各計測法の長所・短所の把握を行って、三次元の技術を一握りの専門家だけのものにしない技術移転や研修を広範に行っていくということを考えている。このような三次元考古学を推進するために、日本における第一人者であり、本書の編者を務めている野口淳が、本センターへ特任准教授として赴任した。

　この三次元の計測と、そのデータの活用というのは、我々が、センターで行うすべての活動の基盤となる。例えば、ホンジュラスの世界遺産であるコパン遺跡では、携帯型の LiDAR 機器を使って計測を行っている（図1）。計測自体は、使い方さえ覚えれば誰でもできる簡単なものであるので、専門家がいない間にも現地の方に計測していただいている。短時間の計測に基づく点群データから初期の

第1章　博物館 DX の理論と制度
Theory and System of Museum DX

地図を作ると、7号神殿という我々が現在発掘調査をしている建造物では、19世紀に発掘されたトレンチが、我々の調査開始時にそのままになっていた状況が鮮やかに確認できる（図2）。

●図1
可搬式 LiDAR を使ったコパン遺跡7号神殿の三次元計測作業風景
（撮影：PROARCO）

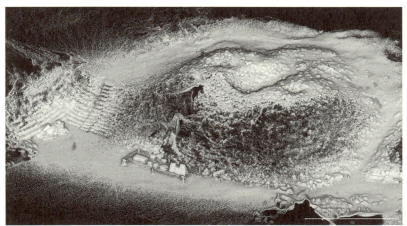

●図2
可搬式 LiDAR によって三次元計測し得られた点群データによる7号神殿の発掘調査開始前の状態に陰影をつけて表示したもの（作成：国際文化財）
1895年にハーバード大学ピーボディ博物館探検隊によって中央に大きく掘られたトレンチ痕やそこからの廃土、神殿前に設置された5つの祭壇、1930年代にカーネギー研究所調査隊によって中央トレンチの北に発見された墓1の石室を発掘調査した窪みなどが15分ほどの計測で図化可能である。

●図3
11号神殿内に残されたカーネギー研究所が1930年代から40年代に掘った調査用トンネル (撮影：中村誠一)
左側に11号神殿の埋蔵建造物の建物正面の石壁が残存しており、カーネギー研究所の考古学者たちは、そのオリジナルの石壁と、その対面に補強用目的で整形された切石ブロックを使って築いた人工の石壁の上に、切石ブロックでアーチ状の補強をすることでトンネルを保全した。トンネル内通路に見えているのは、名古屋大学チームが設置したミューオン透視による内部確認用の原子核乾板である。

　また我々は、点群データから作成された三次元モデルを発掘調査計画に活用している。例えば、現在、我々の調査建造物の1つであるコパン遺跡の11号神殿の中に、20世紀の前半にアメリカの調査隊が発掘して残された調査用トンネルがある（図3）。我々は、この調査用トンネルを利用して、そこに露出された重要な埋蔵建造物の調査を行っているが、このモデルを使うと、外側の11号神殿の中心軸へ到達するためには、この調査用トンネルをあとどのくらい掘らなければならないかを事前に計算できる、などの活用法がある。また、ホンジュラス政府は、コパン遺跡の観光振興のためにこの調査用トンネルを活用できないか、観光客を入れて中を見せられるようにできないか検討しているが、三次元モデルを使えば、あとどのくらい掘れば、このトンネルは建造物の反対側の西広場まで繋がるのか、というような点も事前に分かるようになってきた。三次元考古学は、次世代に向けて、文化遺産の保存と活用の幅を大きく広げていくのである。

(2) 文・理・医の融合考古学

　次世代考古学の2つ目の形としては、医系・理系の学問と協働する考古学という形を思い描いている。医系・理系の学問では技術革

新が相次いでいる。理系、医系の先端的な新技術や成果を積極的に取り入れながら、従来考えられているように、考古学は人文・社会系の学問であるという枠を外していきたいと考えている。これはいわゆる文理の融合研究といえ、こういった形を積極的に考古学の研究に適用することによって、従来の考古学的研究法では明らかにすることのできなかった諸点を解明していきたいと考えている。

　例えば私の専門であるマヤ文明研究の事例では、パレオゲノミクスと呼ばれる古代の人骨から遺伝情報を抽出して、被葬者間の親族関係、血縁関係を探る、あるいは王朝創始者の起源や出身王家を追求していくという研究方法がある。マヤ文明研究では 2000 年代に入ってから、被葬者の歯の同位体分析が積極的に行われ、他地域からの移民とその地で生まれた土着の人間の区別がある程度つくようになった。しかしながら、同位体分析だけでは、例えば碑文において外来者であると記載されているコパン王朝の創始者が、どの都市から来たのか、どの王朝に起源をもつのかというところまではわからない。こういった点を、ゲノム解析を通して、解明していきたいと考えている。これは、生命科学と考古学の協働研究である。

　もう 1 つの事例として、宇宙線物理学との協働がある。現在、宇宙線物理学は大変革新的な成果を生み出しているが、中でもミューオンと呼ばれる粒子の物質貫通力を利用した透視技術により、巨大建造物の内部空間を透視できる。この技術がマヤ研究に適用されると、単に王墓のような建造物の中の石室空間を同定するだけではなく、非破壊的な考古学調査法の開拓にもつながるという点で、遺跡の保存にも貢献ができると考えている。例えば、名古屋大学のチームが、エジプトのギザのピラミッドのミューオン透視を行って、未知の空間を発見するという大きな成果を挙げている（Morishima et al. 2017）。我々もそのチームと連携をして、名古屋大学と日本のフィルムメーカーが独自に開発した、原子核乾板と呼ばれる特殊フィルム

次世代考古学とは何か　7

を狭いトンネルの中に設置し、そこでミューオンの軌跡を記録して、その軌跡を特殊な装置で読み取り、建造物の内部に王墓のような石室空間があるかどうか、あるいはそこに未知の空間があるかどうかを確認している（図3）。これまで、エジプトとは遺跡の周辺環境も建造物の石材や構造も異なるコパン遺跡でも、すでに石室墓がここにあると分かっているところで、予備的に行った透視試験では、確かに石室空間が同定できるということがわかっている。

　マヤ文明の建造物の場合、過去の発掘調査によって内部が重層構造になっていることが確認されている（図4）。1番外側の建造物は、10L-16という高さ25mぐらいのピラミッドであり、現在、遺跡に行くとそれしか見えないが、そのピラミッドは考古学調査で発掘すると入れ子構造になっていて、ケーキを切るように断面を切ると、実は中にロサリラという神殿がそのまま埋まっていたというようなことが発見されている。ところが、こういった重層的な建造物を確認するために、1990年代にアメリカの調査隊は、縦横無尽にアリの巣のような調査用トンネルをアクロポリスと言われる建築複合体の中に堀ったが、その規模は、約3kmとも4kmとも言われている。そして記録としては、簡単な平面図しか残されていない。当

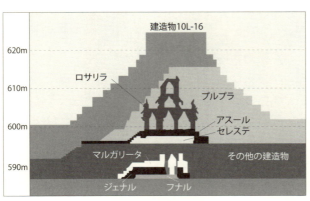

●図4
アクロポリスの中心に位置する16号神殿の建築層位図
（作成：佐藤陽一）
一番外側の16号神殿の中にロサリラ神殿等が埋まっていた。

然、このようなトンネルを使った発掘調査プロセスを、三次元計測技術を使って、きちんと記録として残していくことも必要であり、掘られたトンネルの一部が、入口に蓋だけされて中はそのまま空洞として残されるというような事例がある。そして、20年ぐらい経って、雨水の浸み込んだトンネルが陥没して、初めて下にまだトンネルが開いてるということが分かる、という状況が起きているので、ミューオン透視技術を使うことによって、蓋だけされて中は埋められていないトンネル網なども確認できている。このように、ミューオン透視は遺跡の保存研究にも役立つ。これは、宇宙線物理学と考古学の協働事例である。実際に我々が実施中の融合研究を2例あげたが、このような文・理・医の融合考古学は、次世代に向けて、ますます発展していくであろう。

(3) 進化したパブリックアーケオロジー

　次世代考古学の3つ目の形としては、パブリックアーケオロジー（公共考古学）と呼ばれている考古学の分野が、もう少し進化した形で行われるのが次世代考古学の形ではないかというふうに考えている。中でも重要なのが、いろいろな国際貢献を実践していくとともに、活力のある地域社会を地域住民と一緒に共創していく地域と世界の両方に根差した考古学である。研究成果をただその分野にとどめずに、社会還元、社会実装していくというのは、決して理系や医系の学問だけのものではなく、考古学のような学問もそれを行うべきであるし、事実、行えると、実践して見せることであると考えている。我々は社会的な課題に直接向き合って、SDGsの達成に貢献していきたい。そのために、パブリックアーケオロジーの実践者であり、野口と共に本書の編者を務めている村野正景が、センターの特任准教授として協力している。

次世代考古学とは何か　9

3　世界遺産がある町の博物館への協力

(1)　ホンジュラス共和国

　最後に、次世代考古学研究センターと博物館の関わりについて、中央アメリカに位置するホンジュラスという国の博物館への協力を事例に簡単に説明したい。ホンジュラス共和国は、中米地峡帯の中の1つの国で、国土面積は日本の約3分の1ほど、首都がテグシガルパというところで、国の人口が大体957万人ほどの開発途上国である（図5）。

　国の最西端、隣国のグアテマラ国境から12kmのところに位置するコパン遺跡は、マヤ文明を代表する古代都市遺跡で、世界遺産にも登録されている。コパン遺跡は、中心部の人口が8千人程度、周辺部を入れても4万人程度のコパンルイナスと呼ばれる自治体の行政区域にあり、年間14～15万人程度の内外観光客が訪れるホンジュラス最大の文化観光地である。

　公立小松大学は、2022年に山本博学長自らコパンルイナスを訪問され、現地の政府機関と交流協定を締結し、その後、コパン遺跡の調査修復、それから博物館活動を共同で行う実施協定を締結し

●図5
ホンジュラスの位置（作成：佐藤陽一）

た。また、金沢大学とのパートナーシップで、コパンに研究教育拠点としてのリエゾンオフィスを設置している（図6）。

(2) コパン・デジタルミュージアム構想への協力

このコロニアル風の非常に落ち着いた雰囲気のコパンルイナスの町（図7）の中心部には、かつて小学校として機能していた建物があり、その小学校が郊外に移転した跡地にコミュニティのミュージアムを作りたいという要望が住民から持ち上がった。このコパン・デジタルミュージアム構想というのが、今から8年前にあり、もとも

●図6
公立小松大学コパン
リエゾンオフィス内
作業スペースの一部
（撮影：中村誠一）

●図7
コパンルイナス市の
中央公園を望む風景
（撮影：佐藤陽一）

とは学校なので中が教室として区画されているが（図8）、外務省（在ホンジュラス日本大使館）と連携して、デジタルミュージアムの展示計画の立案と実施に協力した。

　コパンルイナス市における考古学博物館、マヤ石彫博物館等、その他の博物館との差別化を図るために、この博物館には、コミュニティの歴史に関する展示を行うことになった。そもそもコパンルイナスは、19世紀にコパン遺跡の調査に探検隊や考古学者といった人々が来たことを契機として形成され発展していった村、町だったため、その起源や町の歴史を展示することを目指した（図9）。展示の最後のセクションでは、最先端のデジタル技術に関する展示も一

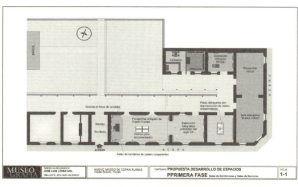

●図8
デジタルミュージアムの建物平面図
（作成：ホセ・ルイス・ロペス）

●図9
デジタルミュージアムのコパンルイナス市歴史展示の一部
（撮影：中村誠一）

緒に行った。当時の技術では画期的だったフォトグラメトリに関する説明パネルを日・英・西の3か国語で作って展示したり、現在ではもう珍しくはないが、当時は非常に珍しい3Dプリンターで作ったコパン遺跡の石碑のミニアチュアや考古遺物の展示をしたりした（図10）。また、最先端デジタル技術の目玉として、凸版印刷と産学連携で作ったコパン・バーチャルリアリティコンテンツの第二版を現地で公開した（図11：中村 2019）。

　このように、コパン・デジタルミュージアムと名付けられたコミュニティ博物館は、ホンジュラス国立人類学歴史学研究所とコパ

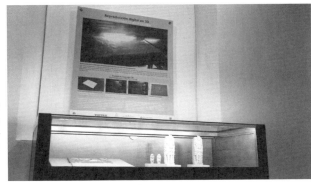

●図10
3Dプリンターに関する3か国語の説明パネルと3Dプリンターで作製した石碑やヒスイ製彫像の模型
（撮影：中村誠一）

●図11
バーチャル・リアリティ・シアターでの説明
（撮影：ホンジュラス国立人類学歴史学研究所）

次世代考古学とは何か | 13

ンルイナス市役所の連携によって、2019 年まで非常にうまく運営
されていたが、残念なことに新型コロナウイルス感染症によるパン
デミックで博物館が閉館となり、2022 年の前半までこの博物館の
中庭が市のワクチン接種会場として利用されていた。パンデミック
が収まった現在、コパンルイナス市役所から公立小松大学に再開館
に向けた支援要請が来ている。

　さらに、近くにあるコパン考古学博物館にも、日本からの文化無
償資金協力によって、博物館展示機材一式が寄贈されることが決定
している（外務省 2020）。考古学博物館の展示計画の立案や展示指導、
タッチスクリーン、音声ガイド等の機材へ導入するデジタルコンテ
ンツの制作は、次世代考古学研究センターが委託研究事業として担
当することがホンジュラスにおける文化遺産を担当する現地政府機
関と合意されている。

　コパン・デジタルミュージアムは、2015 年の 12 月に、日本ホン
ジュラス外交関係樹立 80 周年の記念行事として、皇室、当時の眞
子内親王殿下のご臨席を賜りオープンした博物館であった。我々
は、その先例に倣い、日本ホンジュラス外交関係樹立 90 周年の
2025 年をターゲットにして、公立小松大学の様々な教育プログラ
ムとも組み合わせながら、次世代考古学研究センターとして、ホン
ジュラスの博物館への国際協力を展開していきたいと考えている。

引用・参考文献

中村誠一 2019「世界遺産があるコミュニティと博物館―ホンジュラスのコパンルイナスの
　　事例より―」『金沢大学文化資源学研究』第 21 号、金沢大学、25 ～ 32 頁
外務省 2020「報道発表　ホンジュラス共和国に対する一般文化無償資金協力『コパン遺跡
　　博物館展示機材整備計画』に関する書簡の交換」令和 2 年 3 月 13 日
Morishima, K. et al. 2017. Discovery of a big void in Khufu's Pyramid by observation of cosmic ray
　　muons, *Nature* 24674, DOI:10.1038/nature24674

博物館 DX の課題と展望

 中尾智行 NAKAO Tomoyuki　　文化庁 博物館支援調査官

はじめに

　2022年4月に改正博物館法の公布を行った。1951年の制定以降、社会教育法など関連法の改正にあわせての、いわゆるハネ改正が20次ほど行われてきたが、博物館法単独での改正は1955年以降、約70年ぶりのものとなった。今般の改正においては、法の制定以来、約30倍に増加した博物館の設置主体の多様化に対応するための登録制度の改正、博物館に求められる役割・機能の多様化・高度化に対応するための見直しが中心となっている。今回の博物館DXの話に関連する点では、ICTの普及を背景として、博物館利用者の新しいニーズに応えるとともに、メディアとしての博物館がインターネットを通じた新しい発信や交流を行っていくために、第3条において規定する博物館の事業に「博物館の電磁的記録の作成と公開」という条文を加えた。本書において中村が指摘する通り（本書3頁）、博物館の文化資源を多様な手段で公共化していくという観点は今非常に大事になってきている。

　パブリックアーケオロジーという言葉があるが、私個人としては考古学と市民の接点としての博物館、それを公共化するためのパブリックミュゼオロジーが必要になってくると思う。そういった観点

から、博物館法の改正に伴って進めようとしている博物館DXについて説明、紹介をしたい。

ちなみに、本稿で述べる「博物館」とは、博物館法で定義する博物館である。いわゆる歴史博物館だけではなく、美術館や科学館のほか、動物園や水族館のような様々な分野の博物館がある。

1 デジタル化によってもたらされる望ましい変化

先述したように、改正博物館法の第3条の第1項第3号において、博物館が概ね行う事業として、電磁的記録、いわゆるデジタルアーカイブの作成と公開を加えた。その目的について、公布通知では「デジタル技術を活用した博物館資料のデジタル・アーカイブ化とその管理及びインターネットを通じたデジタル・アーカイブの公開、インターネットを通じた情報提供と教育や広報、交流活動の実施や展示・鑑賞体験の提供のために資料をデジタル化する取組を含む」としており、博物館資料に係る情報の保存と体系化、博物館における調査研究の成果を含めた資料の公共化、インターネット空間での交流活動や展示、利用者による多様な創造的活動への博物館資料の活用を進めていくことで、これからの博物館に向けた望ましい変化を期待するものだ。

DXというものに取り組む際、重要なのはデジタル化という手段によって、博物館の業務はもちろん、文化行政または文化芸術の振興をより良い方向に進めていく、X（トランスフォーメーション）の部分を達成目標としてしっかりと検討し、実現していく必要がある。

法改正に関する国会審議で当時の文部科学大臣（末松信介）は、デジタルアーカイブ化によって資料をしっかり保存していくことが、我々今を生きる人間の使命だという答弁を行っている。情報発信を始めとした活用だけでなく、博物館の基本機能である資料の保存、それを行うための情報管理や体系化のほか、デジタルバックアップ

16　第1章　博物館DXの理論と制度
Theory and System of Museum DX

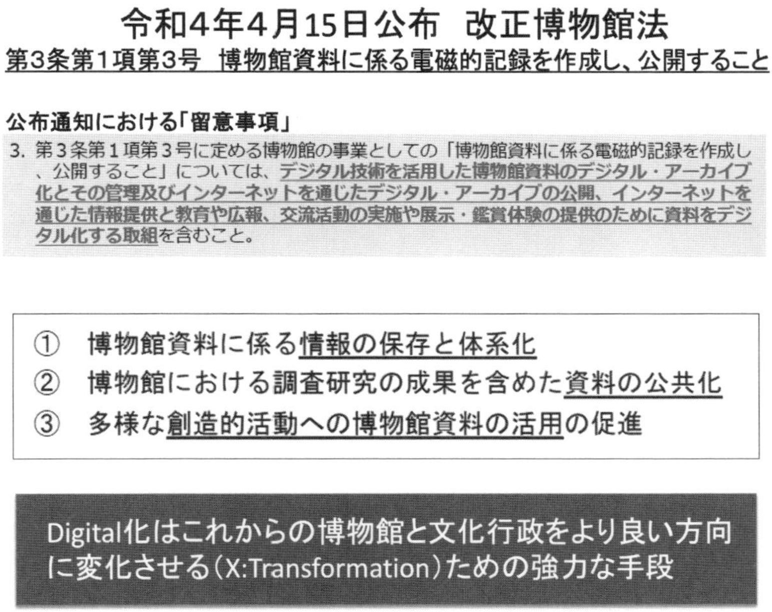

令和4年4月15日公布　改正博物館法
第3条第1項第3号　博物館資料に係る電磁的記録を作成し、公開すること

公布通知における「留意事項」

3. 第3条第1項第3号に定める博物館の事業としての「博物館資料に係る電磁的記録を作成し、公開すること」については、<u>デジタル技術を活用した博物館資料のデジタル・アーカイブ化とその管理及びインターネットを通じたデジタル・アーカイブの公開、インターネットを通じた情報提供と教育や広報、交流活動の実施や展示・鑑賞体験の提供のために資料をデジタル化する取組</u>を含むこと。

---

① 博物館資料に係る<u>情報の保存と体系化</u>
② 博物館における調査研究の成果を含めた<u>資料の公共化</u>
③ 多様な<u>創造的活動への博物館資料の活用</u>の促進

Digital化はこれからの博物館と文化行政をより良い方向に変化させる（X:Transformation）ための強力な手段

●図1
改正博物館法における資料のデジタル化の指針

というような観点からもデジタルアーカイブの作成は重要な意味を持っており、文化庁でも改正に伴いデジタルアーカイブ化の推進を行うための予算支援を行っている。

　例えば、2022年度の博物館機能強化推進事業において、イノベートミュージアム（Innovate MUSEUM）という事業がある。この中でもデジタル技術等の先進技術を用いた新たな鑑賞・体験・学習モデルの創造によるコミュニケーション活性化の取り組みや、デジタルアーカイブやコンテンツ等の連携、共有による課題対応などの取り組みに対して補助を行っている。また2023年度には、博物館機能強化事業の中でさらに、「MUSEUM DXの推進」というメニューを新たに加え、予算支援をしている。博物館でのデジタルアーカイ

博物館DXの課題と展望　17

ブの取り組みが十分に進んでない現状に対し、こうした補助で推進を図っているところだ。

デジタル化は、博物館だけでなく政府全体として推進されている。官邸等から出してる資料にも「デジタルにより目指す社会の姿」ということで、先述した DX の X の部分を強く意識した資料が出されている。また、デジタル田園都市国家構想によって地方と都市の格差をなくしていく、その中で多様な学びであるとか、ウェルビーイング（Well-being）と言われるような心豊かな暮らし、こういったものを実現していくことを目的としてデジタル化の必要性が示されている。一方で、新型コロナウイルスの感染拡大の中で、デジタル化が思った以上に進んでない現状も明らかになった。例えばサプライチェーンの部分に関しては、なかなかオンライン手続きが進まなかったりとか、システム的に統一化されてなかったりなど、様々な問題がコロナ禍によって明らかになった。裏返せば、逆にこのコロナ禍によって、一気にデジタル化の課題と必要性が認識され、推進が図られるようになったと言える。

政府発信の資料の中には、「ソサエティ 5.0（Society5.0）」という新しい社会のモデル図があるが、こういった社会の実現を進める手段としてデジタル化を進めていくのだと捉えておきたい。博物館資料や文化財も、共有化、公共化することによって多様な人々の利用に供し、新たな価値創造につなげていくことが今求められているということが、政策的な観点からのデジタル化の推進といえる。

2　進まない博物館のデジタル化

一方で、博物館のデジタル化は、残念ながらあまり進んでいない。日本博物館協会が行っているアンケート調査の結果では、「博物館のホームページを使った目録情報の公開」をしている博物館は、全体の 12% のみで、ほぼ 9 割に近い博物館はホームページで

の情報公開をしていない[1]。コロナ禍において緊急的にアンケートを取った結果を見てみると、やはり「収蔵品のオンライン公開」については実施していないという館が72%ある。「オンライン展示会」についても、コロナ禍に直面して初めて実施した館が9.2%ある一方で、実施していないと答えた館が87.7%となる[2]。やはり博物館というのは来館を前提とした実物教育の場という認識と活動の実態が依然として存在していることが示されているように思う。

「デジタルアーカイブの実施」についても回答数が24.4%ということで、4館に1つしかない。しかも今後実施する予定はないと答える館が約半数に上るという調査結果が上がってきている。博物館現場に人が足りない、予算が足りない、知識とノウハウがないという現状があることは間違いないが、インターネットが主な情報資源

インターネット公開をためらう理由

「目録情報」のインターネット公開は**12%** (R1年度日博協総合調査)
デジタルアーカイブについて「実施する予定はない」は**49.2%** (R2年度文化庁委託調査)
インターネット公開について、消極的な現状が浮かび上がる。

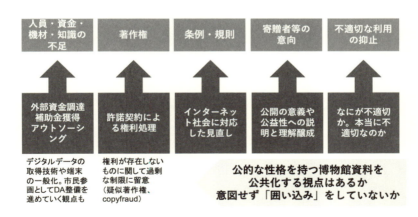

●図2
博物館におけるデジタル化停滞の要因

博物館DXの課題と展望 | 19

となる社会の中で、博物館の利用が来館のみを前提としたままでいいのかどうかということは現場においても考えていく必要があろう。

　現場の声として、インターネット公開をためらうのには様々な理由がある。人員、資金、機材、知識の不足、著作権等の権利処理が必要だとか、条例、規則でインターネットにアップできないとか、寄贈者等の意向がある。また、不適切な利用を抑止したいからという理由も聞く。

　しかしながら、できない理由を並べても停滞するだけなので、対応を考えながら進めることが重要だ。これらについて少し対応を考えてみると、例えば「人員、資金、機材、知識の不足」に関しては、外部資金や補助金を利用したり、アウトソーシングする。博物館に人や機材や知識など、何もかもを蓄える必要はないし、不可能だ。専門の業者もたくさん出てきているので、しっかり外部と連携するための仕様設計やマネジメントを行っていく視点が必要だろう。また、最近はスマートフォンなどの個人用端末で３次元モデルを作成することまでできる。専門的な知識を持っていない市民であってもデジタルコンテンツを作れる時代になってきているので、博物館でのボランティアであるとか、ワークショップ等を活用して、博物館のデジタルアーカイブを共創していくこともできるようになってきた。博物館においては、市民参画が重要な使命、役割として求められるところであるが、デジタル化、ICT の進展は、市民参画にも新しい形や展開をもたらすはずだ。

　「著作権等の権利処理」に関しては、そもそも考古資料だと、著作権者はもう遠い過去に亡くなっているはずなので、パブリックドメイン化している。また、著作権者が存在している資料、例えば現代アートであるとか、こういったものに関しても、許諾契約によって権利処理しながら公開していくことが求められる部分はあろう。インターネットでの公開の妨げになっている条例、規則に関し

第１章　博物館 DX の理論と制度
Theory and System of Museum DX

ては、こうした情報インフラが存在しない古い時代に作ったものが残ってる状態にもなっているので、ICT の発達やインターネット社会に対応した見直しが必要になっている。

　「寄贈者等の意向」に関しても、博物館という公共性の高い場においての公開の意義とか公益性の説明を行い、理解を醸成していく。博物館資料と活動の公益性を寄贈者と共有しながらオープンにできるようにしていく。こうした協力要請や契約は、寄贈者と交渉ができるうちにやっておかなければ、将来の活用が非常に難しくなる危惧もある。

　「不適切な利用の抑止」に関しては、実際に何を不適切とするのか。こういった部分に関しても、なかなか整理されていない。実際に不適切な利用ってなんですか、という話をすると、例えば公序良俗に反することとか、商用利用とかが挙げられたりするが、公序良俗に反する使い方とは具体的に想定されているのだろうか。また、商用利用が悪いのかどうか。もちろん博物館資料や文化財は公共の財産なので、独占的に使われるというのは困るが、例えば商標登録は避けてもらうとかの対応で十分かもしれない。文化芸術基本法や改正博物館法において、博物館の役割として多様な主体との連携のもとで地域の活性化を図る観点が示されているところ、商用利用と距離を置き過ぎたり、規制したりする姿勢には疑問がある。それぞれの考え方や状況があるのは理解するが、しっかりと整理する必要があろう。

　もうひとつ、著作権に関しては、そもそも権利が存在しない資料に関して著作権があるかのように振る舞ってしまう問題が指摘されている。いわゆる疑似著作権だが、例えばアメリカの弁護士団体では、copyfraud（コピー詐欺）という言い方をしながら、本来公共財産であるべきものに、所有権のようなものを主張し、利用料金を徴収することに厳しい問題提起がされている[3]。人権の観点からも、本

博物館 DX の課題と展望 | 21

来的に他者の行動を制限することは難しい。資料の管理者としてその使用に制限をかける場合には、どのような法的裏付けを持って行うのか説明できるようにしておく必要があろう。最も大事なのは、公的な性格を持つ博物館資料や文化財を公共化する視点ではないか。旧来の価値観や仕事の仕方に盲目的に従うあまり、公共財である博物館資料について意図しない囲い込みをしてないかどうか、自らの活動を客観的かつ批判的に捉え直す必要があるのではなかろうか。

3 広く活用してもらうために

デジタル化とオープン化の意義は、公共化と価値共創にある。新しいメディアとしてのデジタル技術やインターネット社会というものが広がるなかで、インターネット空間を博物館の新しい活動領域と認識しなければいけない。一方で、デジタルアーカイブの作成と公開といっても、ただ公開すればいいというだけではない。それを

◉図3
デジタル化とオープン化の意義

どのように活用してもらうのかという観点が非常に大事になってくる。活用を前提とした利用条件を明示するとか、もしくはパブリックドメインとして制限をなくしていくことがオープン化であり、この部分が非常に大事になってくる。

　実は、この部分も博物館の業務効率化に繋がってくる。例えば、オープン化すると利用に関しての問い合わせや許諾が必要なくなる。実際に、所蔵資料をパブリックドメインとして公開した博物館から聞いた話だが、もともと所蔵する浮世絵に関してテレビ局等のメディアから利用の問い合わせや依頼が多く来ていたとのこと。その度に時間を取って問い合わせ対応し、書類を書いて、許可を出すような事務仕事が負担になっていた。公立博物館として無償で提供していたので、職員の労働コストだけがかかっている状態だった。しかし、パブリックドメイン化して自由な利用に供すると、その事務コスト自体が削減できることになった。人員の少ない博物館では、業務効率化も重要な観点だ。無駄な作業を減らし、より必要な作業を行うことで充実化を図っていく。そういった部分にもオープン化の意義がある。また、市民の創造的活動に広く利用してもらい、新しい表現や価値を創出すること、こういったものを博物館の活動に取り込んでいく視点も非常に大事になってくる。

　もうひとつ、広く利用してもらうために重要な観点がある。デジタルアーカイブを公開するときに、外部のプラットフォームに接続しておくということだ。国では、文化遺産オンラインやジャパンサーチなどのプラットフォームを作っている。こういったプラットフォームに自館のデジタルアーカイブを繋げておくことは、非常に重要である。なぜかというと、自館のホームページに置いてるだけでは、わざわざサイトに来ないとデジタルアーカイブを見れない。GIGAスクール構想の進展に伴い、学校教育における探求学習等において博物館のデジタルアーカイブの活用が進んでいっているが、

博物館DXの課題と展望　| 23

例えば小学生の授業利用を考えたとき、知らない博物館のホームページにたどり着くことは難しい。ジャパンサーチのような横断型のプラットフォームに、自らの資料をリンクさせておくことによって、検索に引っかかってくるし、そこから自館への誘導もできる。

4　教育と学習利用

　学校教育と博物館の連携については、学習指導要領について博物館の利用が触れられているほか、博物館法においても学校との連携の必要性が示されているところ、これまでも団体見学や出前授業などの形で博学連携が進められてきた。ところが、団体見学に関しては移動手段とかコストの問題で難しくなってきている現状がある。学校の予算が減るだけでなく、社会的に安全管理という部分が厳しく問われるようになってきていることもハードルになっている。では博物館から出向こうかということで、出前授業などのアウトリーチ活動もあるが、今度は博物館側のマンパワーの問題がある。こうした状況を大きく変えたのが、コロナ禍で急速に進展したGIGAスクール構想によるICT環境の整備だ。今こそ学校教育と博物館資料を結ぶ大きなチャンスだと思う。

　実際、学校側ではICTを使った学びの構築を今急速に進めているが、求められるのは、「調べ学習」等における生徒の自主的な探究を促進していくための、信頼性の高い学習資源の確保だ。インターネット上にあるデジタルリソースをみたとき、様々なものが混在しており、中には信憑性に乏しいものもあったりする。授業で使うためにはやはり信頼性と安全性の高い情報が必要になる。専門家が構築する博物館のデジタルアーカイブは、非常に信頼性の高い情報として存在しているので、学校の先生方にはこれをしっかり活用していきたいというニーズがある。博物館がこのニーズに応えていくことは、その目的や使命を果たす視点だけでなく、社会的な価値

第1章　博物館DXの理論と制度
Theory and System of Museum DX

■ 小学校学習指導要領（平成 29 年告示）解説　総則編

【総則編】小学校学習指導要領（平成29年告示）解説 (mext.go.jp)

(7) 学校図書館，地域の公共施設の利活用（第１章第３の１の(7)）

> (7) 学校図書館を計画的に利用しその機能の活用を図り，児童の主体的・対話的で深い学びの実現に向けた授業改善に生かすとともに，児童の自主的，自発的な学習活動や読書活動を充実すること。また，地域の図書館や博物館，美術館，劇場，音楽堂等の施設の活用を積極的に図り，資料を活用した情報の収集や鑑賞等の学習活動を充実すること。

| 団体見学 | 移動手段やコストの問題 | 出前授業 | マンパワーの問題 |

▶ **コロナ禍で大きく進んだICT環境の整備**
→学校現場に急速に普及したタブレット端末
→ 通信インフラを使ったオンライン学習

　学校教育 × 博物館資料

●図４
博物館と学校の ICT 連携

の形成の面からも重要になるだろう[4]。

　そしてもうひとつ、生涯学習についての課題がある。社会教育施設である博物館は、当然ながら生涯学習の場でもある。博物館側の意識としては、来館者は展示されている資料等にふれ、実物ならではの感動を味わいながら生涯を通じて自由な学習意欲を満たしていくことを期待している。しかしながら、公的施設として公共財としての資料や文化財を保存、管理しながら、学習機会の提供を行っていく観点に立ったとき、その学習利用者の対象は既存の来館者だけではないはずだ。未だ来館していない市民も含んだ国民全体（さらに言えば世界人類全体）が対象となる。ところが、多くの国民にとっての生涯学習活動は、必ずしも博物館や図書館などの施設で行うもの

博物館 DX の課題と展望　25

ではなくなってきている。

　日本政策銀行が行った調査によると、「生涯学習を進める際に、どのような場所や形態で学習したいか」の質問に対して、58.7％の方がインターネットと回答し、１位となっている[5]。残念ながら、図書館、博物館、美術館と答えた方は24.2％、４人に１人しかいない。さらに細かい年齢別のデータで見ると、インターネットと答えた方は、70歳以上で19.6％と低率だが、59歳以下の方を見れば70〜80％と非常に高率であり、今後経時的にインターネットでの学習要望の割合が高まることが明らかである。博物館は国民のニーズに応え、インターネットでの学習機会の提供をしっかりやっていく必要があろう。

　付け加えておくと、博物館にとっていいデータというか、嬉しいデータもある。「図書館、博物館、美術館」を使った学習を望む年齢層は、実は18歳から29歳の若年層に一番多い。これはこれまで博物館が子供向けの活動であるとか、様々に親しみやすい活動を続けてきた成果が現れてきてるのではないだろうか。

5　利用者像のアップデートと博物館の新しい活動領域

　こうしたデジタル化の意義とそれにあわせた事業活動の変化というものを考える時に、企業のマーケティングモデルの変遷が参考になる。20世紀までのインターネットや端末が十分に普及していない時代においての顧客の消費行動モデルでは、AIDMAモデル〔注意を引いて（Attention）、関心を深め（Interest）、購買意欲を引き出すことで（Desire）、意識や記憶に残していく（Memory）、最終的に購買行動（Action）に移してもらう〕が有名だったが、インターネットとSNSが普及する中で変化したAISASモデルが出てきた。これは、サーチ、アクション、シェアというインターネットでの中で行う顧客の行動に焦点を当てており、企業側からの一方通行的な発信

ではなく顧客による二次発信を中心に据えたマーケティングモデルとなっている。企業はインターネットでの検索やSNSを新しい有力なメディアとして2000年代の初期から考えて動いてるが、こうした考え方はなかなか博物館で進んでいない。大切なのは、顧客の行動変化に対応した商品とサービスの提供を行うことであり、公共サービスを提供している博物館でも考えていかなければいけない部分かと思っている。

　また、最近、地方創生の文脈の中で、「関係人口」という概念が出てきている。これまで地方創生の取組は、観光等で訪れる「交流人口」をどうやって定住する「移住人口」につなげていくのか、という観点で進められてきたが、インターネットによって遠隔地の情報が取得できるようになったし、ネットを通じた交流ができる。また、イーコマース（ネット通販）によって地域ゆかりの産直品なども気軽に購入できるようになった。地域を訪れたことのない人とも様々な接点を作ることができるようになってきて、移住はしないものの地域に思い入れや関係性を強く持つ「関係人口」という概念が設定できるようになった。ネットで関りを持つこともできる関係人口の規模は大きく、うまく軌道に乗ればネット通販やふるさと納税などを通じて、地域の活性化に大きく寄与する。ネットの普及により地方創生の取組も変わってきているということだ。

　これを引き合いに出したのは、博物館での潜在利用者の開拓に通じるものがあるからだ。博物館ももともとは、来館しない人をいかに来館者という利用者にするか、また継続利用をどう生み出すかという観点で活動を続けてきた。しかしこれもインターネット上で博物館が発信する情報や資料を利用する方、これ自体を利用者として範囲を広げて認識しなければいけなくなってきたのではないかと思う。ネット社会における新しい利用者像は、当然来館者に限るものではない。こうした利用者像のアップデートが重要であり、博物館

の活動領域がネット上に広がったことを認識するべきだ。デジタルアーカイブ化に関する予算や、維持費の捻出が難しい話をよく聞く。この根底にあるのは、デジタル化やインターネット上の活動が特別でオプショナルなものであるとの認識ではないか。先に示してきたように、インターネット空間は、もはや博物館の新しい活動領域として位置付けられてくる。このことが予算を付ける財政側だけでなく、博物館現場にも認識されていないように感じる。博物館活動や資料を広く共有することで学習機会を提供し、日常的に文化芸術に触れる豊かな暮らしを実現することは、博物館の持つ基本的な使命である。インターネットというメディアは、その機会を大きく広げるものだ。その意義は、館内で行うオンサイトの展示と同等であり、利用者拡大や活用促進の観点のほかにも、アクセッシブル、

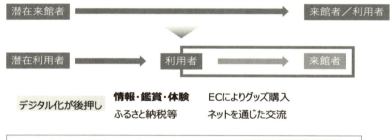

◉図5
デジタル化による利用の拡大と利用者像のアップデート

インクルーシブ、ダイバーシティの観点からも推進されなければいけない[6]。

　ここで少し事例を紹介していきたい。東京富士美術館では、ジャパンサーチの機能を用いてオンライン展示会を作成しているが、これを実際にポスターというアナログ媒体で広報しており興味深い。オンラインの展示について、通常の企画展などと同様にアナログ媒体で広報することはこれまでなかったように思う。実際、こうした広報により大変多くのアクセスがあったとのこと。これは、美術館がオンライン展示会を自らの本来的な活動、事業として認識しているがゆえに生まれた取組であり、それが成果を上げているということだと思う。また、足立区立郷土博物館では、「琳派のあだち」という企画展において、ネット上にバーチャルミュージアムを設置して紹介した。こうしたデジタルミュージアムで展示資料を公開してしまうと、博物館に来館してくれなくなるんじゃないかとの懸念もよく聞く。しかしながら、実はこの展覧会が、最も来館者を集めた歴代1位のものとなったという。今、何をするにもまずはインターネットで情報を得る時代になっている。インターネットで知る、認知してもらい、興味を持ってもらうというのがいかに大切かということを語る事例といえる。

　最後に、今お話ししたようなことを、本年の2月に「博物館DXの推進に関する基本的な考え方」として、有識者のご協力をいただきながら文化庁でまとめている。詳しくは資料をネットにオープンしているので、ご覧いただきたい[7]。

註
1)　日本博物館協会 2020『令和元年度　日本の博物館総合調査報告書』
2)　みずほ総合研究所株式会社 2021『令和2年度文化庁委託「博物館ネットワークによる未来へのレガシー継承・発信事業」における「博物館の機能強化に関する調査」事業実績報告書』

3) イリノイ大学の JASON MAZZONE は、存在しない著作権について、許可や使用料を支払うことを求めたりするケースを「copyfraud（コピー詐欺）」と呼んで問題提起している。https://papers.ssrn.com/sol3/papers.cfm?abstract_id=787244（2024 年 3 月 20 日確認）

4) 中尾智行 2023「博学連携の展開と新しい学び」『中等教育資料』令和 5 年 7 月号

5) 「生涯学習に関する世論調査（令和 4 年 7 月調査）」概略版（https://survey.gov-online.go.jp/r04/r04-gakushu/gairyaku.pdf）（2024 年 3 月 20 日確認）

6) 2022 年 8 月開催の ICOM プラハ大会で採択された新たな博物館定義には、これらの文言が加えられており、これからの博物館が多様な利用者と社会に向き合うことを求めている。

7) 博物館 DX の推進に関する基本的な考え方（https://www.bunka.go.jp/seisaku/bunkashingikai/hakubutsukan/hakubutsukan04/04/pdf/93841101_01.pdf）（2024 年 3 月 20 日確認）

第 1 章　博物館 DX の理論と制度
Theory and System of Museum DX

文化政策の転換と博物館の役割

 朝倉由希　ASAKURA Yuki　　公立小松大学大学院
次世代考古学研究センター 准教授

1　博物館法改正とその背景

　令和4（2022）年4月、「博物館法の一部を改正する法律」が成立し、令和5（2023）年4月1日より施行された。博物館法は昭和26（1951）年に制定されたが、それから約70年が経過しており、博物館を取り巻く環境や求められる役割は大きく変化している。新たな時代にふさわしい博物館制度に見直すということが改正の契機である。

　今回の改正では、法が定める博物館の事業に「博物館資料に係る電磁的記録を作成し、公開すること（デジタル・アーカイブ化）」が追加されたことが注目される。社会全体のデジタル技術の進展や、コロナ禍の経験を経て、博物館資料のデジタル・アーカイブ化はとりわけその意義や重要性を増しているテーマであるが、デジタル・アーカイブ化や博物館DXについては他の執筆者が詳細に論じるため、本稿では、もうひとつの大きなテーマである、近年の文化政策の転換を概観し、博物館の役割をより広く捉える視点から博物館DXの意義を検討する。

　なお、博物館法は社会教育法の特別法であり、博物館は社会教育施設に位置付けられてきた。博物館の中でも美術館や歴史博物館に関しては、文化財を扱うことから文化庁が所管してきたが、科学博

31

博物館法の一部を改正する法律（令和4年4月成立、令和5年4月1日施行）

趣旨

近年、博物館に求められる役割が多様化・高度化していることを踏まえ、博物館の設置 主体の多様化を図りつつその適正な運営を確保するため、法律の目的や博物館の事業、 博物館の登録の要件等を見直すなど、これからの博物館が、その求められる役割を果たし ていくための規定を整備する。

改正の概要

Ⅰ. 法律の目的及び博物館の事業の見直し
　　○博物館法の目的について、社会教育法に加えて<u>文化芸術基本法の精神に基づくこと</u>を定める。
　　○博物館の事業に<u>博物館資料のデジタル・アーカイブ化</u>を追加するとともに、他の博物館と連携すること、及び地域の多様な主体との連携・協力による文化観光その他の活動を図り地域の活力の向上に取り組むことを努力義務とする。
Ⅱ. 博物館登録制度の見直し
　　（登録要件の見直し、登録審査の手続き等の見直しなど）
Ⅲ. その他の規定の整備
　　（学芸員補の資格要件など）

◉**図1**
博物館法改正の概要

物館ほか、水族館、動物園等は文部科学省本省の所管であった。これに関し、平成30（2018）年10月1日に施行された「文部科学省設置法の一部を改正する法律」によって、これまで一部を文部科学省本省が所管していた博物館に関する事務を文化庁に移管し、博物館行政は文化庁が一括して所管することになった。そして令和元（2019）年11月には、文化庁の文化審議会に博物館部会が設置され、制度や運営に関する幅広い課題について一体的に議論がなされるようになった。

2　博物館法の目的に追加された「文化芸術基本法の精神」とは

　今回の博物館法改正では、社会教育法に加え、「文化芸術基本法の精神に基づく」ことが博物館法の目的に追加された（博物館法第1条）。このことは何を意味するのであろうか。
　文化芸術基本法とは、平成29（2017）年に成立した文化政策推進の根拠を定めた法律である。平成13（2001）年に成立した文化芸術振興基本法を改正したもので、「振興」が取れて文化芸術基本法という名称に改められた。

第1章　博物館DXの理論と制度
Theory and System of Museum DX

法改正の趣旨は、文化芸術そのものの振興にとどまらず、観光、まちづくり、国際交流、福祉、教育、産業その他の各関連分野における施策を取り込んでいくということ、また、文化芸術により生み出される様々な価値を文化芸術の継承、発展及び創造に活用するというものである。改正により新設された第2条の第10項には次の記述がある。

　　　文化芸術に関する施策の推進に当たっては、文化芸術により生み出される様々な価値を文化芸術の継承、発展及び創造に活用することが重要であることに鑑み、文化芸術の固有の意義と価値を尊重しつつ、観光、まちづくり、国際交流、福祉、教育、産業その他の各関連分野における施策との有機的な連携が図られるように配慮されなければならない（文化芸術基本法第2条（基本理念）第10項）。

また、次年度には同法律の規定を受け、施策の総合的な推進を図るための文化芸術推進基本計画（第1期）が策定された。副題に「文化芸術の多様な価値を活かして未来を作る」とある通り、第1期の計画では、文化芸術にはその本質的価値にとどまらず、社会的・経

文化芸術基本法（文化芸術振興基本法（2001年）の一部を改正し2017年成立）

趣旨
1　文化芸術の振興にとどまらず、観光、まちづくり、国際交流、福祉、教育、産業その他の各関連分野における施策を法律の範囲に取り込むこと
2　文化芸術により生み出される様々な価値を文化芸術の継承、発展及び創造に活用すること

改正の概要
○法律の題名を「文化芸術基本法」に改める
○基本理念の改正（第二条）
・「年齢、障害の有無又は経済的な状況」にかかわらず等しく文化芸術の鑑賞等ができる環境の整備（第三項）
・観光、まちづくり、国際交流、福祉、教育、産業などの各関連分野における施策との有機的な連携（第十項）
文化芸術に関する施策の推進に当たっては、文化芸術により生み出される様々な価値を文化芸術の継承、発展及び創造に活用することが重要であることに鑑み、文化芸術の固有の意義と価値を尊重しつつ、観光、まちづくり、国際交流、福祉、教育、産業その他の各関連分野における施策との有機的な連携が図られるよう配慮されなければならない

●図2
文化芸術基本法の概要

済的価値があるということを明確化し、その価値を生かして未来社会を作るという方針が示されている。

特に博物館に関する記述に注目してみると、目標1「文化芸術の創造・発展・継承と教育」に、以下の記述がある。

美術館、博物館、図書館等は、文化芸術の保存・継承、創造、交流、発信の拠点のみならず、地域の生涯学習活動、国際交流活動、ボランティア活動や観光等の拠点など幅広い役割を有している。また、教育機関・福祉機関・医療機関等の関係団体と連携して様々な社会的課題を解決する場としてその役割を果たすことが求められている（文化芸術推進基本計画(第1期)目標1「文化芸術の創造・発展・継承と教育」より）。

また、目標4「地域の地域の文化芸術を推進するプラットフォーム」には、以下の記述がある。

学芸員については、美術館、博物館が社会包摂や地域創生の礎となることが求められている近年において、作品や資料の収集、調査研究、展示企画の更なる充実や、適切に保存し、取り扱うための専門性の向上に加え、教育普及活動の更なる充実や地域振興、観光振興等への対応も求められている。このように美術館、博物館が求められている新たな役割に対応するために、専門人材を適切に配置することが重要である（文化芸術推進基本計画（第1期）目標4「地域の地域の文化芸術を推進するプラットフォーム」より）。

以上のように、文化芸術基本法とそれに基づく文化芸術基本計画において、博物館は社会的課題解決、社会包摂、地域振興、観光振興等の役割が求められることが明確に示された。今回の博物館法改正は、このような文化政策の動向を反映したものであり、従来の社会教育機関としての機能・役割よりも幅広い役割が博物館に求められるようになったことを意味する。

34　第1章　博物館 DX の理論と制度
Theory and System of Museum DX

3　2010年代の文化政策の変遷

　文化政策において、文化芸術の社会的、経済的な意義・役割を明確にしていく流れは、2010年代を通じ進展してきたものである。前述のとおり、文化芸術基本法は2001年に成立した文化芸術振興基本法の改正により成立した。2001年の文化芸術振興基本法は、文化振興の基本的な理念を定めた初めての法律で、その前文に文化芸術の役割・意義が明示されている。具体的には、「文化芸術を創造し、享受し、文化的な環境の中で生きる喜びを見出すことは、人々の変わらない願い」「文化芸術は、人々の創造性をはぐくみ、その表現力を高めるとともに、人々の心のつながりや相互に理解し尊重し合う土壌を提供し、多様性を受け入れることができる心豊かな社会を形成する」等の記述があり、文化芸術そのものの意義に重点を置いた内容といえる。改正前はこのような文化芸術の意義をいわば所与のものとして、その振興を目指したものであった。2017年に改正された文化芸術基本法も、前文に書かれた文化芸術の意義は変わっていないが、文化芸術の振興を目的に置くのではなく、文化芸術から生み出される価値を社会の様々な豊かさの実現に活かすことに重心が移動している。

　このような変遷の重要な転換点となったのが、平成23（2011）年3月に閣議決定された「文化芸術の振興に関する基本的な方針（第3次）」[1]である。同方針は、文化芸術を「成熟社会における成長の源泉」と位置づけ、時代背景や諸情勢を踏まえ、今何のために文化芸術の振興が必要なのか、その根拠をより明確に示す内容となっている。文化芸術が社会的便益を持つ公共財であることが強調され、「従来、社会的費用として捉える向きもあった文化芸術への公的支援に関する考え方を転換し、社会的必要性に基づく戦略的な投資と捉え直す」ことが明記された。さらに、「社会包摂」という言葉が、

文化政策の転換と博物館の役割　35

文化政策の公的文書に初めて登場したのも同方針内である。「文化芸術は、子ども・若者や、高齢者、障害者、失業者、在留外国人等にも社会参加の機会をひらく社会的基盤となり得るものであり、昨今、そのような社会包摂の機能も注目されつつある。」として、文化芸術の社会的な意義を強調している。社会包摂の機能や、社会関係資本[2] の増大を図る観点からも、文化芸術に関する政策を公共政策として明確に位置付ける内容となっている。

　また、第3次基本方針では、6つの重点戦略が掲げられているが、重点戦略5は「文化芸術の地域振興、観光・産業振興等への活用」である。博物館を含む、各地に所在する有形・無形の文化芸術資源を、地域振興、観光・産業振興等に活用するための取組を進めることが、重点的施策として盛り込まれた。観光や産業等への活用という表現は、第2次基本方針（平成19(2007)年）には見られなかった表現である。

　その後、平成27 (2015) 年5月に閣議決定された「文化芸術の振興に関する基本的な方針（第4次）」には、副題として「文化芸術資源で未来を作る」と付けられている。第4次基本方針においても、文化芸術資源を各地の地域振興、観光・産業振興に活用していく考え方が引き続き盛り込まれている。また同年は、日本遺産も創設された。この時期は2020年のオリンピック・パラリンピック東京大会の招致が決定していたことも、第4次基本方針の内容に影響を与えている。これを機に全国各地の多様な文化芸術資源を掘り起こし、観光資源としても磨き上げようとする動きが一層強まった。

　前述のとおり、2017年は文化芸術基本法の成立という、文化政策上大きな出来事があったが、この年の12月には「文化経済戦略」も策定された。本戦略の趣旨は、文化と経済・産業分野が一体となって価値を創出し、文化芸術の創造に再投資されることで文化芸術の自立的・持続的発展を目指すというものである。翌年には「文

第1章　博物館 DX の理論と制度
Theory and System of Museum DX

化経済戦略アクションプラン」が策定され、文化芸術を起点とした
インバウンドや、アート市場の活性化などが施策として取り組まれ
ている。従来、文化芸術の波及効果として、経済への効用があるこ
とは言及されてきたが、経済への寄与・貢献がここまで強く打ち出
されたことは日本の文化政策史上初めてのことであり、その点でも
2017 年は大きな転換点と言える。

　また、平成 30 (2018) 年の文化財保護法改正も、大きな議論を巻
き起こした。文化財保護法は昭和 25 (1950) 年の成立以来改正を重
ね、現状では 6 つの文化財類型があり、それぞれに適した方法に
よって文化財保護を図ってきた。しかし、人口減少が進み、地域で
の文化財継承が困難になっている現状があるほか、文化財の価値が
十分に伝わりきっていないという課題も指摘されている。そのよう
な中、2010 年頃からは 6 類型の文化財を個別に指定・保存してい
くだけでなく、地域の歴史文化によって関連づけていく「関連文化
財群」という考え方が提示され、歴史まちづくりや、先述の日本遺
産の創設の動きにもつながってきた。2018 年の文化財保護法改正
は、地域社会総がかりで文化財の継承に取り組んでいく仕組みを作
るためのものであり、文化財の価値を多くの人で共有し、地域振興
にも活かしていくことで、文化財と地域の持続可能性を高めること
が趣旨となっている。また、文化財に指定されていないが、地域の
中で重要な文化資産は多くあり（未指定文化財）、それも含め、地域で
継承していく仕組みが求められている。そのような中で、地域の博
物館が果たすべき役割はきわめて大きい。

　さらに、令和 2 (2020) 年には「文化観光拠点施設を中核とした地
域における文化観光の推進に関する法律（以下文化観光推進法）」が施
行された。同法は博物館政策に大きく関係する。文化観光推進法に
おける「文化観光」とは、「有形又は無形の文化的所産その他の文
化に関する資源（文化資源）の観覧、文化資源に関する体験活動その

文化政策の転換と博物館の役割 | 37

他の活動を通じて、文化についての理解を深めることを目的とする観光」と規定されている（文化観光推進法第2条）。日本には魅力的な文化資源が多数存在しているが、その価値を十分に紹介、発信できておらず、文化資源の保存・活用が進んでいないこと、また、交通アクセスの課題にも対応していこうとするもので、自治体が計画を策定し、認定された計画の実施に対して国が支援をするという仕組みである。文化観光拠点施設には、文化資源の保存及び活用を行う施設として博物館、美術館、社寺、城郭等が想定されており、これらの施設がDMO[3]、観光協会、旅行会社等と連携して文化観光を推進する取組に対して、支援を行う。

　当然ながら、文化観光の推進においても、DXは重要な意義を持つ。文化資源をデジタル・アーカイブ化し公開することは、博物館資料をより多くの人が利用することにつながる。また魅力的な公開・発信を行うことで、来訪者の増加に寄与するだろうし、デジタル技術を用いた効果的な展示、体験型のコンテンツの提供など、来訪者の体験価値を高めることにもなるだろう。観光自体、コロナ禍を経てDXが加速している分野である。文化の体験価値を高めるとともに、持続可能な観光の実現においても、DXは今後重要性を増すものと考えられる。

4　文化政策の変化と博物館

　2010年代の文化政策の変遷を確認してきた。社会全体のデジタル技術の進展という変化はもちろんのこと、このような文化政策の環境変化の中にあって、博物館に求められる役割は拡大している。

　文化政策が公共政策としてなぜ必要なのか、その根拠をめぐっては、この20年間で大きく変化してきており、特に2017年を境にかなり変容してきた。その背景には、国も地方も財政状況が逼迫していく中で、文化政策にどのような成果があるのか、客観的に示すこ

とが求められている社会状況がある。文化の価値とは何か、公的支援を行う意義は何かということが厳しく問われるようになっていることを背景に、文化芸術の振興そのものを目的とするのではなく、他の政策分野、とりわけ経済への寄与が求められる現状にある。このような動向に対し、識者の中では「文化の道具化」として批判の声もあがっている。筆者も、文化芸術の経済的な価値のみを重視することには危惧を覚える一人である。客観的な成果や数値に示しにくい価値が文化にはあると考えるからである。しかしながら、文化芸術資源に多くの人が触れて、知的楽しさを得て、教育的な効果や将来の文化発展につながることは歓迎するべきことであり、それが経済的な効果を生み、また文化の発展をもたらすという循環を創出することは、極めて重要なことである。文化は社会の様々な領域と深い関係を持ち、社会発展の基盤となる。現在、社会課題が多様化している中で、文化だからこそ果たせる役割というのは何なのか、地域の博物館には何ができるのかを、従来の発想よりも広い視野から再検討し、広く社会で共有することが求められていると言えるだろう。

5　ミュージアムに関する国際的な議論

　ここまでは国内の文化政策、および博物館の動向を見てきたが、国際的にも、博物館の機能をめぐっては近年活発な議論が交わされてきた。

　ひとつは、ユネスコが2015年に「ミュージアムとコレクションの保存活用、その多様性と社会における役割に関する勧告」を出している。これは、現代の博物館の多様な社会的役割を促進することを、政策立案者に勧告したものである。この勧告には、博物館は「文化の伝達や対話の場」であるという表現や、「持続可能な発展のためにも重要な役割を担う」という記述もある。また、「経済的な

発展、文化産業、創造産業、観光を通じた発展をも支援する」と、産業や観光との関連も言及されている。

　この2015年勧告を受け、ICOM[4]（国際博物館会議）でも新しいミュージアムの定義に関する議論が交わされた。2019年のICOM京都大会において、定義改正の議論が活発になされた。京都大会における改正は見送られたが、2022年のプラハ大会では、以下の新たな定義が採択された。

　博物館は、有形及び無形の遺産を研究、収集、保存、解釈、展示する、社会のための非営利の常設機関である。博物館は一般に公開され、誰もが利用でき、包摂的であって、多様性と持続可能性を育む。倫理的かつ専門性をもってコミュニケーションを図り、コミュニティの参加とともに博物館は活動し、教育、愉しみ、省察と知識共有のための様々な経験を提供する（ICOM日本委員会訳）。

　「研究、収集、保存、解釈、展示する」といった従来の機能に加え、「包摂的であって、多様性と持続可能性を育む」という表現に見られるように、従来よりも拡張したミュージアムの役割が、ここに盛り込まれた。

　また、このような議論の高まりの中で、ICOMとOECD（経済協

ICOM 2022（プラハ大会）で採択された博物館の新定義

A museum is a not-for-profit, permanent institution in the service of society that researches, collects, conserves, interprets and exhibits tangible and intangible heritage. Open to the public, accessible and inclusive, museums foster diversity and sustainability. They operate and communicate ethically, professionally and with the participation of communities, offering varied experiences for education, enjoyment, reflection and knowledge sharing.

博物館は、有形及び無形の遺産を研究、収集、保存、解釈、展示する、社会のための非営利の常設機関である。博物館は一般に公開され、誰もが利用でき、包摂的であって、多様性と持続可能性を育む。倫理的かつ専門性をもってコミュニケーションを図り、コミュニティの参加とともに博物館は活動し、教育、愉しみ、省察と知識共有のための様々な経験を提供する。

(ICOM日本委員会による日本語確定訳文)

●図3
ICOMの博物館の新定義

力開発機構）は、2019 年に『文化と地域発展：最大限の成果を求めて──地方政府、コミュニティ、ミュージアム向けガイド』を共同で発表した。キーテーマとして、以下の 5 点が掲げられている。

①地域の経済発展のためにミュージアムの力を活用する

②都市の再生と地域社会の発展におけるミュージアムの役割を確立する

③文化を意識し創造的な社会を促進する

④包摂、健康と幸福の場としてのミュージアムを推進する

⑤地域発展にミュージアムの役割を位置づける

資料を収集して、研究、保管、展示するということは、従来のミュージアムの基本機能であるが、その資源を全ての人に開いて共有し、都市再生や地域発展の役割を担い、創造的な社会を促進するという、地域社会に関わる幅広い役割がこれからの博物館に求められているのである。

6　拡張する博物館の役割と DX の可能性

以上、博物館に求められる役割が拡大していることを、国内と海外の議論を参照して示してきた。そこにおける DX の可能性を最後に確認したい。

1 点目として、デジタル・アーカイブ化は、資料の体系的な整理を可能にする。デジタル化した資料は、場所を問わず、国内外で横断的に共有することができる。それは、研究面でも横断的な、国内外の連携を促進するであろう。

2 点目に、デジタル化した資料のオンライン公開が進めば、どこにいても鑑賞することができる。また、デジタル技術は、リアルな展示の物理的な制約から解放することができる。キャパシティによる制限がなくなることに加え、資料を様々な角度で見たり、拡大したりすることで、リアルな鑑賞を超えた新しい発見を鑑賞者にもた

らすことも可能である。どちらが良いという議論に陥ることは不毛であり、両方の利点を補完的に活用することで、より豊かな体験が利用者にもたらされる。

　3点目に、場所を問わず資料にアクセスできるということは、障害、高齢、その他様々な理由で博物館の現地に足を運ぶことができない人々に、アクセスを保証することになる。これは、多様性や包括性のある、全ての人に開かれた博物館を実現するうえで、大きな意義を持つ。

　最後に、市民との共創の可能性をあげたい。デジタル技術を用いることで、これまで専門家に閉じられがちだった、文化資源の保存、活用の活動に、市民など多様な主体が参加できるようになっていく。これは、文化資源の価値を共有し、より理解を促進することに有効であり、広い人々の理解や関心を促進するということにつながるであろう。

註

1) 文化芸術振興基本法第7条第1項の規定に基づき、施策の総合的な推進を図るために「文化芸術の振興に関する基本的な方針」が定められ、概ね5年ごとに見直されてきた。文化芸術基本法への改正後は、「文化芸術推進基本計画」が策定されている。
2) 人と人との関係性。人と人とのネットワークの豊かさを社会の資本と捉える概念。文化芸術は人と人とをつなぎ、社会的なコストを低下させる機能を持つことが注目されている。
3) Destination Marketing / Management Organization の略称。観光地域づくり法人。
4) International Council of Museums

引用・参考文献

OECD 2019. *Culture and Local Development: Maximizing the Impact — Guide for Local Governments, Communities and Museum*（OECD/ICOM 2019『文化と地域発展：最大限の成果を求めて　地方政府、コミュニティ、ミュージアム向けガイド』後藤和子監訳、ICOM 日本委員会）

河嶋伸子・小林真理・土屋正臣著 2020『新時代のミュージアム　変わる文化政策と新たな期待』ミネルヴァ書房

小川義和・五月女賢司編著 2021『発信する博物館　持続可能な社会に向けて』ジダイ社

第2章
博物館 DX の実践と展開
Practice and Development of Museum DX

次世代技術が変える
未来の考古学・博物館

 野口　淳 NOGUCHI Atsushi

公立小松大学
次世代考古学研究センター
特任准教授

はじめに ― なぜ博物館 DX が必要なのか？―

　博物館の現状は、これまでの蓄積であると同時に、時代背景としての技術的、社会的要因による制約条件への対応の積み重ねでもあった。デジタル技術、ウェブ技術の導入は、そうした制約条件の克服に多大な貢献が期待される。しかしそれは、技術的側面に限定されるものではない。かつて、制約条件への対応として積み上げられてきた枠組み全体を見直し、新しい博物館を志向するための強力なツールとなる。

　博物館 DX とは、そのための実践と、根拠となる理論、方法論である。ここでは、筆者の専門である考古学を中心に、博物館の課題解決のための DX について議論する。

1　博物館の障がい

　自然史資料の 3D 化と活用に早くから取り組んできた路上博物館の森健人は、新しい技術、手法の有効性と同時に、現状の博物館の「障がい」にも繰り返し言及してきた[1]。ここでは森の「博物館の障がい」論を足がかりとして、現状の博物館がかかえる制約を整理したい。

まず、制約のその一は、現地、実物が大事であるとする「現物第一主義」である。当然のことであるが、実体のある資料がなければ、調査研究をはじめとする博物館活動はできない。しかしこれが大きな足かせになっている。

　「現物第一主義」の制約を早くから指摘している人もいたが、実際に多くの人が実感したのは2020年からのコロナ禍における、外出自粛や博物館等の休館、活動縮小措置の期間であった。2022年夏に考古学専攻の大学院生を集めてオンラインで座談会行なった際には、発掘調査実習が停止され、図書館、資料館・博物館も閉まって、卒論や修論に向けた調査ができない、実物がなければできないということで、全てがストップしてしまったことへの不安やあせりが思い返された。これは専門分野における学術研究だけでなく、博物館の重要な機能である資料の調査研究、およびそのための提供にも関わっていた課題であった。

　ところが、この座談会の中で見えてきたのは、実はコロナ禍以前から、地方大学の学生にとって、移動時間や交通費が都市部より嵩むという制約がすでにあった、しかし都市部ではそのことに気づいていなかったということである[2]。

　「現物第一主義」は、所属や住所地による格差を生んでいた。しかしその影響が少なかった人は気づくこともなかった。国全体または世界的規模での影響が生じたことで、初めて全体的な課題として見えてきたということになる。

　博物館の活動に関しては、休館措置によって準備していた企画展、特別展の中止が相次いだ。そのような中、来館を前提としなくても利用してもらえる博物館ということが、急速に考えられるようになってきた[3]。

　もう1つの制約は、専門家としての研究者、学芸員が、何をどのように伝えるのかということを決め、組織し、提示することが当然

46　第2章　博物館DXの実践と展開
Practice and Development of Museum DX

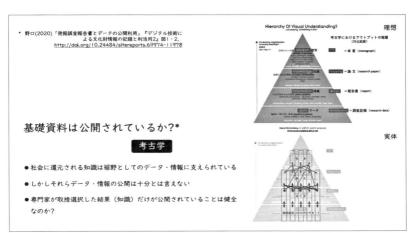

●図1 データ・情報の階層構造と公開の状況

のように行われてきたことである。博物館の収蔵展示資料の専門性に鑑みて、このこと自体に問題はない。ところが、その基礎となる資料、分析された元データはなかなか公開、提示されない。良心的な専門家は、「異なる見解や説もあります」と解説するが、その根拠が一体どこにあるのかというのが一般市民からは見えにくいという課題である（図1）[4]。

たとえば考古学では、基礎資料として、発掘調査報告書が公開されている。しかしほとんどの場合、一般市民に届くのは、そうした報告書をもとにした論文、さらに単行本であり、または講演や博物館の展示である。原著論文はさておき、一般性が高くなるほど細かなデータはほとんど見えない。そのこと自体は、単行本や講演、展示の目的、機能として問題はない。

しかし、それでは元データを検索したら見つかるか、公開、公表されているかを確認すると課題が浮き彫りになる。公開性の低さ、データや情報が専門家コミュニティに囲い込まれている実態がある。

博物館においては、展示資料は、学芸員が特徴的、代表的なもの

●図2　現行の博物館展示室の一例（飛騨みやがわ考古民俗館）

として収蔵資料から選んでいる。しかし、通常展示されている資料の何十倍もの資料が収蔵庫にあり、それらを一般の方が自ら検索をして知るという機会はほぼない（図2）。

前掲の森は図書館との比較により博物館の制約、障がいを可視化している。資料を自分で探せない、手に取れない、調べられない、ということである。

もちろん、これらは、何も制約を強制するためのものではなく、技術的な基盤や、リソース、コストの面からやむを得ず制約条件になっていたものが大半である。それらが技術的に解決可能になるのであれば、どんどん解決していくべきだろう。

2　博物館DXとは何か

DXとは、単に機器や手法をデジタル化するということではない。デジタル化を通じて組織やシステムを変革することが、デジタルトランスフォーメーション、すなわちDXであると定義されている。博物館DXとは、館の運営関係者だけでなく、関連する研究者、専

●図3　博物館資料・情報・活動デジタル化の4つの論点

門家、および一般の利用者の体験を変革するためにデジタル技術を導入することと定義できるだろう。

　先に指摘した制約を解決、解放するには、例えば、施設に行かなくても基礎資料に誰もがアクセスできるようにするとか、さらに展示室、収蔵庫自体を開放するといったことが考えられるだろう。これに対しては、従来の博物館や関連する学術分野の研究のあり方を前提とすると不可能だと指摘されそうである。一方で村野が指摘するとおり（本書65頁）、一連の課題に対して、目的意識をもったデジタル化・DXが解決の糸口として示されている。

　そこで博物館の資料・情報・活動のデジタル化をどう進めていくのか、4つの論点を提示したい（図3）。それらは、記録、保管・収蔵、公開、そして最後は専門家か一般市民かを問わず利用者に提供する体験である。言うまでもなく、これらはデジタル化に関係なく博物館の基本的な機能と目的であるが、ここでは、デジタル化を通じてそれらがどのような変革をもたらすのかについて概観する。

　まず、記録に関しては、元々デジタルでない状態のもの、紙の資

料、印刷物などのデジタル化、データベース化、さらにモノ資料のデジタル化、最近では特に3D計測の導入が進んでいる。3D計測は最近では様々な機器・手法が普及し、博物館における実践例も増えていると同時に、博物館DXにおいて大きな意味を持つ[5]。

3D計測は、平面の記録では再現が難しい複雑な立体形状を記録できると同時に、自由視点での観察を可能にする。従来の2D記録に比べると、情報の密度がはるかに高い。さらに重要な点として、3D計測データはボーンデジタルであることが挙げられる。最初からデジタルデータなので、そのまますぐにDXに繋げることができる（図4）。

またオリジナルの資料を、バーチャル化、仮想情報として保持することで、物理的な空間の広さや取り扱いにおける負荷を容易に乗り越えることができる。博物館法改正においてデジタルアーカイブが明文化されたわけだが、そこにおいて3D計測はますます意義を増すだろう。

3D計測の導入による物理的な制約の克服の一例として、展示室の拡張が挙げられる。現実空間の展示室は面積や設備が限られてお

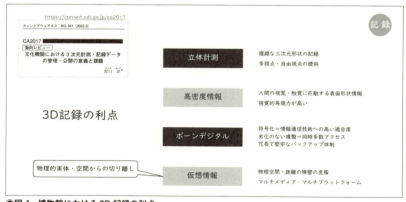

●図4　博物館における3D記録の利点

り、その範囲内でしか資料を展示できない。しかし資料をバーチャル化することで、物理的な空間の広さを超えて多くのものを見せることが可能となる。

　さらに、ボーンデジタルの3D計測データは、コンピュータとインターネットでの利用が容易になる。劣化、変質のない複製が可能なので、オリジナルと差のないコピーをいくつでも作り、様々な場所で同時に利用することが可能となる。またインターネットを通じて世界中に届けることができるようになり、距離、時間等の物理的な制約を超えることができる。

　その一端が、2020年より学校教育現場で進むGIGAスクール構想である。日本国内では、小中学校の児童生徒に1人1台のタブレット端末の配置が実現している。デジタル化されたデータは、このGIGAスクール端末を通じて生徒1人1人に個別に届けることができる。

　実物資料はあくまで1つしかないので、同じものをみんなで観察しましょうというと、展示ケースや机をみんなで取り囲んで遠くから見ることしかできない。1クラス30人いるとすると、1人1分だけの観察でも30分を要する。ところが、デジタルデータとしてGIGAスクール端末に届けると、同じ30分間で、それぞれが自分自身の視点で自由に観察することができる。これは圧倒的に観察や経験の機会を増やすということに繋がる。実際の取り組みとして、千葉県大網白里市や岐阜県飛騨市などが、実物資料と3D計測データを併用した授業実践を行なっている[6]。先に各自の端末で3D計測データを観察を行ってから実物資料に触れることで、同じ限られた時間でもより効果を高めることができる。これは実物としては1つしかない資料が、デジタルコピーにより複数同時利用が可能になる利点である。

　また実物資料には、1つの状態でしか保持、展示できないという

課題がある。例えば民具など複数の部品から作られているものは、バラバラに分解する部品を観察することが可能になるが全体像が見えなくなる。あるいは遺跡において様々な時代の遺構が見つかっている時、現地に保存展示したり復元できるのは基本的に1つの時代のものだけとなる。現実空間では、1つの場所には1つのものしか同時に存在できないからである。

　これを克服できるのが、デジタルデータである。図5の民具の例では、部品ごとに3D計測を実施したため、それぞれを自由に観察することができると同時に、データ上で部品を組み合わせると、使用時の状態に切り替えて観察することができる。実際の展示では、組み立てられた状態でしか展示していないが、データとしては異なる状態を観察する機会を提供できる[7]。

　もう1つの例は三重県の夏見廃寺での史跡復元ARである。実際の史跡現地には、建物は復元されておらず、遺跡化した状態がそのまま保存されている。ここに、デジタルデータ上で復元された金堂

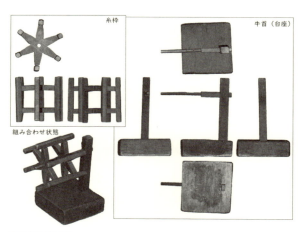

民具（製糸道具）
・糸枠　https://skfb.ly/oIoMz
・牛首　https://skfb.ly/oIoM9
・組み合わせ状態　https://skfb.ly/oIoMC

●図5　民具3D計測の一例
（牛首と糸枠：国分寺市教育委員会提供）

や講堂がロケーショナルAR[8]として、現地においてバーチャルに体験することができる。結果として、現実世界におけるオープンな空間と、建物が復元されているバーチャルな空間の、2重の状態ができる[9]。

　ところでこの取り組みにはもう1つエピソードがある。異なる建築家が夏見廃寺の建築復元案に異論があるということで、別の復元モデルも提示公開されている。バーチャル空間では、異なる復元案を並立させることができるため、現地で表示を切り替えると2案を比較することが可能になる。建造物に限らず、現存しない史跡や庭園等、異なる学説、見解のどれか1つだけを選んで示すのではなく、異なる案も提示することでより情報がより豊かになり、訪問観覧者に自ら比較して考えるという体験を提供することが可能になる。

　また取り扱いに制約のある資料の活用にも有効である。図6は2023年5月に、グアテマラのバジェ大学での日本文化週間に参加した時に、ユネスコ世界遺産のティカル遺跡のマヤ文明の石碑を、400km以上離れた大学にAR表示したものである[10]。実物大であるが実態のあるレプリカではない。これを用いることで、会場では来訪したグアテマラシティの市民に、日常的に触れることのできない遠隔地の文化遺産を観察し、また隣に立って記念撮影をするような体験も提供した。実際には3Dなので、ぐるっと回ると裏側を見ることもできる。土器の場合は中も覗くことができる。どこにいるのかに限定されず、今までの写真や図よりもはるかに情報量の多い観察・利用体験を提供できる。

　このような形でデータを公開し、さらに誰でも利用できるオープンな状態にすると、一般市民が、それらのデータを利用してさまざまな取り組みを行うことも可能になる。先に見たARについては、プログラミングの知識や技術がなくても、誰でも作成し公開できる

●図6　グアテマラ・ティカル遺跡石碑 11 の AR 表示（グアテマラシティ・バジェ大学にて撮影）

プラットフォーム・サービスが提供されているので、誰もが自分自身で展示やバーチャルミュージアムを作ることができる。利用側も、アプリや web ブラウザだけで簡単に使えるようになっている。

　これまでの博物館は、専門家・研究者としての学芸員が資料を選別し展示を構成するものであった。しかし 3D データの整備・公開と、VR や AR 技術の活用が進むと、利用者である一般市民も自分で資料を選び出し、展示やその他のコンテンツを作ることも可能になる。

　となると、データの作成も、専門家だけでなく一般の参加を募り

たくなるだろう。岐阜県飛騨市では、2021年から毎年、「3D合宿」として、飛騨みやがわ考古民俗資料館で、館蔵・展示資料の3Dデータ化を、一般参加者を募集して実施している。同市では、市内におけるさまざまなボランティア作業のニーズと、参加希望者をマッチングし、かつ地域通貨（さるぼぼコイン）で謝礼の受け取りも可能にする「ヒダスケ」という仕組みがあり、3D合宿もヒダスケのプログラムとして実施されている。

　これまで、プロの考古学者や学芸員から一般市民まで、飛騨市内から近隣、さらに関東や関西など遠隔地から参加があった。博物館の土器を自分で触って3Dにできる機会は滅多にないので参加してみようと、多様な参加者が集まっている。これにより、学芸員が1人でやるよりも、参加者の人数分だけ多くのデータを取得できる。さらに、参加者は博物館と飛騨市、そして自分が3D化した資料に強い愛着を持つようになり、資料を大切にしよう、博物館を盛り立てよう、次は観光として飛騨市で別のアクティビティに参加しようといった気持ちを抱く。つまり、関係人口の形成にも非常に貢献し

●図7　飛騨市3D合宿の様子

ていのである（図7）（本書88-89頁）。

　さらに飛騨市では、この取り組みを始めてから、ふるさと納税の額が増えている。また直接の来館者も、コロナ禍前の3倍を超えて増加したという結果も得ている。またスマートフォンで簡単に3Dを作ることができるようになったことで、最年少の小学校1年生の参加者（当時6歳）、が、縄文土器を3D化し、3Dプリンターで打ち出し、自分で持ってきた容器に入れて自分だけのカプセルトイを作った。これは一生忘れられない思い出になったであろう（図8）。

　その延長線上で、今度は長野県長野市立更北中学校ものづくり部理科班の活動の一環として、長野市立博物館の協力を得て、博物館の収蔵展示資料を3D化する取り組みに至った。この取り組みを通じて分かったことは、博物館とその資料がガラスケースの向こうにある他人事として受け止められていたものが、自分でできる、自分で手を動かしその結果が目に見える。さらにそれを操作できるということを通じて自分ごとになるということである。この取り組みの成果については、電子出版を通じて公開している[11]。

●図8　小学生も縄文土器をスマートフォンでスキャン

さらに、個別のモノ、資料だけでなく、空間の中の位置も取り扱うことが可能である。博物館資料はしばしば、本来の位置、空間的なコンテキストから切り離されて展示されている。しかし位置情報を3Dデータに付すと、3D地図・3D地球儀の上に位置づけることが可能になる。現在、社会全体でデジタルツイン構築の取り組みが進んでいる。現実空間のデジタル複製を作り、仮想空間において利用するものである。これにより博物館資料は、展示室の限られたスペースから、広がりを持つ空間に展開できる。

　考古学遺跡や不動産文化財については、すでに奈良文化財研究所と産業技術総合研究所の共同による、文化財情報デジタルツインプラットフォームが立ち上がっている[12]。筆者も、産業技術総合研究所の外来研究員としてこの取り組みに協力している。

　図9は、東京都国分寺市の武蔵国分寺跡第770次発掘調査[13]の3Dデータである。国分寺市の市役所新庁舎建設に先立って実施されたもので、縄文時代や近現代の遺構が検出された。その記録を、これから建設される市役所新庁舎の設計モデルとともに3D地図上に配置すると、5千年前、発掘前、そして未来を、仮想空間に同時に保存し、適宜表示を切り替えることが可能になる。つまり過去だけでなく、現在と未来も一体的に記録、表示できるのであり、空間

●図9　国分寺市役所新庁舎建設現場のデジタルアーカイブ

に時間も加えた4Dのアーカイブも可能になる。

　3Dデータの取得は、今日ではスマートフォンなど一般に普及した機器でも可能になっている。公的機関や専門家・組織だけでなく、一般市民による記録と公開が気軽にできる。2021・22年に開催された「みんキャプ」(本書160-161頁)[14] では、スマートフォンなどで取得した3Dデータを3D地図上に投稿するというイベントだった。第2回の投稿作品数は225件、そのうち113件が文化財に関係する内容であった。道端の石碑や、近所の史跡など、身近にある様々な文化財が3Dデータ化された。先の飛騨市の取り組みにも通じることであるが、専門家は数が限られている。専用の機器は高品質なデータを得られるが、機械自体も高価である。これらにだけ頼っているとデータの増加を見込みづらい。身近な普及している機器で、より多くのに参加してもらうことでデータも増えるし、参加した人たちにも対象への愛着が生まれ、さらにもっと深く知りたい、理解したいという欲求につながることが期待される。このような自発的な参加とそれにより生成される愛着や欲求をさらに刺激することで、博物館資料の価値を自分自身で認識してもらえるように導くことも可能である。

　従来型の展示や講演、出版を通じた公開と普及教育は、専門家が大切だと言ったからとか、博物館の展示に大切であると書いてあったから大事なんだという受け身の反応以上の物を導出することが難しい。それに対して、参加型のアクティビティは、自発的な行動とそれに伴う認知・思考を経由することで、関わった人が自分自身で価値を見出だすことに繋げられるということが最大の効用である（図10）。

　次世代技術は博物館資料へのアクセス性を向上し、専門家と一般市民の間にある垣根を低くする。今までよりさらに広い範囲の参加を招来する。参加型のアクティビティは、そこでの体験を通じ

第2章　博物館DXの実践と展開
Practice and Development of Museum DX

●図10 3Dスキャンと参加型活動による価値の創出と増大

て、資料の価値への認知を誘導、創出し、増大させることができる。3Dやデジタル技術はバーチャル＝仮想と結びつけられて理解されることが多い。しかし、ここまで見てきたように一般市民の利用を促進し、さらに参加を可能にすることで博物館を、専門家、研究者や学芸員などで構成される専門機関や学会などのセミクローズドな空間から、誰にでも開かれたオープンな世界へと転換する。これが、DXを導入した未来の考古学や博物館のあり方なのではないかと考えている。

註

1) 森健人 2018「フォトグラメトリによる博物館動物標本の三次元モデル化及び公開方法の模索的研究」2018年度研究成果報告書　https://kaken.nii.ac.jp/ja/report/KAKENHI-PROJECT-17K12967/17K12967/seika/
飛騨市公式チャンネル「【3D×地方創生のオンライントークイベント】3Dデータ化が未来を創る？〜地域のちょっとしたものが地域の宝〜」(2021年7月28日公開　https://youtube.com/watch?v=fNluJ6dD5

2) 上山敦史・鬼塚勇斗・高田祐一・武内樹治・津田富夢・野口淳・林亮太・溝口泰久 2023「学生座談会「コロナ禍は、学生の文献収集活動にどう影響を与えたか？次世代の調査研究環境のあり方を考える」」『デジタル技術による文化財情報の記録と利活用5』奈良文化財研究所研究報告 37　http://doi.org/10.24484/sitereports.130529-120107

3) 田良島哲 2020「行かない／行けない人のためのデジタルミュージアムと、それを支えるデジタルアーカイブ」『artscape』7月1日号、DNP　https://artscape.jp/study/digital-achive/10162857_1958.html

4) 野口淳 2020「発掘調査報告書とデータの公開利用」『デジタル技術による文化財情報の記録と利活用2』奈良文化財研究所研究報告 24　https://sitereports.nabunken.go.jp/ja/article/11978

5) 野口淳 2022「動向レビュー：文化機関における3次元計測・記録データの管理・公開

の意義と課題」『カレントアウェアネス』351　https://current.ndl.go.jp/ca2017

6)　武田剛朗 2020「デジタルミュージアムと地方史研究の関係性：大網白里市デジタル博物館の事例より」『地方史研究』70（5）86-90 頁、三好清超 2022「関係人口と共働した文化財と博物館資料の活用―飛驒市モデルの報告―」『デジタル技術による文化財情報の記録と利活用 5』奈良文化財研究所研究報告 33　http://doi.org/10.24484/sitereports.115736-63521、本書 85 頁

7)　民具（製糸道具）国分寺市教育委員会蔵：糸枠 https://skfb.ly/oIoMz、牛首 https://skfb.ly/oIoM9、組み合わせ状態 https://skfb.ly/oIoMC

8)　ロケーショナル AR は、位置座標、映像等の空間情報にもとづき、設定した場所に AR コンテンツを表示するものである。

9)　「国史跡・夏見廃寺を仮想空間に復元　設計ソフト「BIM」活用　地域の魅力再発見に」伊賀タウン情報ユー（2022 年 3 月 29 日）　https://www.iga-younet.co.jp/2022/03/29/55115/、本書 162 頁

10)　当該石碑のデータは公立小松大学次世代考古学研究センターの Sketchfab アカウントより公開しており、スマートフォン・タブレット等の携帯端末から AR 表示することが可能である　https://skfb.ly/oJCMA

11)　長野市立更北中学校ものづくり部理科班 2024『ぼくらのみんキャプ博物館』、本書 160 頁

12)　産業技術総合研究所・奈良文化財研究所「文化財情報デジタルツインプラットフォーム」3DDBviewer https://sitereports.nabunken.go.jp/3ddb

13)　国分寺市教育委員会 2024『武蔵国分寺跡第 770 次調査』、3D データは註 13 3DDBViewer より閲覧可能

14)　本書 160 頁、野口淳 2024「市民参加による都市と文化財のデジタルアーカイブス」『情報処理』65（1）：e21-e25

第 2 章　博物館 DX の実践と展開
Practice and Development of Museum DX

ミュージアム DX と社会的課題

京都府京都文化博物館の実践と展望

 村野正景 MURANO Masakage

静岡大学学術院情報学領域 准教授
京都府京都文化博物館 特別研究員
公立小松大学次世代考古学
研究センター 特任准教授

はじめに

　本書の目的は博物館のデジタル・トランスフォーメーション（Digital X-formation, DX）と次世代考古学の考え方や実践を紹介することである。本稿ではこのうち主に前者へ焦点をあて、DX への向き合い方や実践の流れ、工夫のしどころについて、京都府京都文化博物館の取り組みを事例として報告する。

　なお紙幅の都合により考古学的側面への言及は省略するが、以下紹介する博物館活動では考古資料も取扱いの対象物である。また筆者は、次世代考古学とは、発掘や歴史研究をおこなう通常の考古学に先端的科学技術を導入することだけでなく、考古学ないし文化遺産と現代社会との関係性向上に取り組む実践研究であるパブリック考古学を加え、それらの高度な融合を図る領域を指すと理解している。その意味で本稿は、次世代考古学の領域を開拓するための試みとも位置づけたい。

1　本稿の目的―プロセス重視の実践研究に向けて―

　ところで中尾論文（本書 15 頁）で示された通り、デジタルアーカイブの構築ひとつとっても、現時点の博物館現場では、人員・資

金・機材・知識の不足等の理由で一足飛びには実現しにくい。現場では、一方でDXの利点は認識しつつも、他方で雑芸員とも評される激務へ新たな負荷がのしかかっているというのがリアルな感覚である。現場がその感覚のままデジタルアーカイブ化を上から推進させようとするならば、資料の写真撮影やシステム構築はともかく外注してしまえばよいという発想にならないか、と筆者は危惧する。この場合、デジタルアーカイブ作成がゴールとなり、デジタル化自体が目的化してしまいかねない。

　もちろんその意義を全否定するわけではないのだが、このような立ち位置ではデジタルアーカイブの中身や見せ方の議論が積極的に起きるとは考えづらい。例えば、欧州のEuropeana（www.europeana.eu）は、EU各国の多数の文化施設がもつ情報を一元化したポータルサイトで実に5,700万点以上の資料が閲覧できる強力なサイトであるが、それですら研究のことを考えて設計されていないため歴史家は使わず、一般のユーザーを考慮せず情報過多のため一般の人々も見ないと強く批判されている（ションコイほか2023：136-137頁）。この見解には賛否あろうが、ゴールがデジタル化になってしまうことの問題点が理解できよう。

　だからこそ、これと異なり、博物館のどのような目的のために、どのような活動がしたいから、どう見せたい、どう伝えたい、だからこのようなデジタル技術を使いたいといった筋道（ロジック）の議論を筆者は重視したい。とりわけ現場の感覚で言えば、この議論を地道な日常業務の中から何を目的にどうスタートさせ、どんな外部との協力あるいは外部要因を受けつつ、実際にどうデジタル技術を活用するに至ったかというプロセス重視の実践例が知りたいし、そのような実践研究の蓄積が急務と感じている。

　そこで本稿はその試みの一つとして、京都文化博物館の事例を紹介したい。

第2章　博物館DXの実践と展開
Practice and Development of Museum DX

2 博物館の役割―私たちの活動基盤―

　ではまず、私たちの取組の基盤となる考え方にふれておく。その
ため少し抽象的な問いから始めたい。すなわち博物館は何のために
活動しているのだろう、という問いである。もちろん各館の設置目
的は様々あるからその答えは各館で異なると考えられる。そこで、
私たちの取組を理解していただくための導きの糸として、博物館の
役割や機能に関して定めた法制度の改正と関連づけて述べてみたい。

　今般の約70年ぶりの改正となった博物館法の要点は、文化庁の
「博物館法の一部を改正する法律の概要」によれば、①法律の目的
及び博物館の事業の見直し、②博物館登録制度の見直し、③その
他の規定の整備の3つに集約される。このうち本論に関わるのが
①で、具体的中身は以下のように記されている。

- 目的に文化芸術基本法の精神に基づくことを追加
- 博物館資料のデジタル・アーカイブ化を追加
- 他の博物館との連携、地域の多様な主体との連携・協力による
  文化観光など地域の活力の向上への寄与を努力義務化

　これらのうち上記2点目の博物館資料のデジタル・アーカイブ化
は、本書の企画そのものに関わり、博物館DXの一環として最も注
目される点である。

　しかし同時に私たちは2点目と並んで明記された1点目と3点目
を重視する。1点目は、これまでの博物館法が博物館を社会教育法
のみに基づく社会教育施設としたのに対し、文化芸術の振興に加え、
観光やまちづくり、福祉等も範疇にした文化芸術基本法にも同時に
基づく施設としたものである。3点目は、1点目と関わり、努力義務
とは言え、博物館が地域活力向上へ寄与すべきことが明文化された。

　この努力義務に関しては、公布と同日で文化庁次長から発出され
た通知（4文庁第256号）に、より詳しく説明されている。新設の第3

ミュージアムDXと社会的課題　63

条第3項についてであり、その条文には「地域における教育、学術及び文化の振興、文化観光その他の活動の推進を図り、もって地域の活力の向上に寄与するよう努めるものとする」と規定された。そして文中の「その他の活動」には、まちづくり、福祉分野における取組、地元の産業の振興、国際交流等の多様な活動を含み、「地域の活力の向上」には、地域のまちづくりや産業の活性化に加え、コミュニティの衰退や孤立化等の社会包摂に係る課題、人口減少・過疎化・高齢化、環境問題等の地域が抱える様々な課題を解決することを含むと明記された。

　以上から明らかなように、現代の博物館はDXだけではなく、社会課題の解決のため行動することが期待されている。私たちもまさにこの点を重視する。社会的役割は、博物館法改正に先立ちまとめられた文化審議会答申「博物館法制度の今後の在り方について」で、これからの時代にふさわしい新しい博物館に求められる役割・機能として挙げられていた。答申の内容自体は、日本博物館協会が新時代の博物館の運営指針として提示した『対話と連携の博物館』（2000年刊行）以降積み重ねてきた議論や、日本学術会議の提言、さらに遡れば、1980年代以降の「地域博物館」や「第三世代の博物館論」をはじめ博物館学の研究や個々の博物館の実践の延長にある。その点で、今般の博物館法改正はいわば現実の後追いではあるが、博物館現場での社会課題対応的活動を支援し、新たにそのような活動を始めようとする館にとって後押しとなる。

　また国際的にも、1972年のサンティアゴ・デ・チレ宣言、2015年のユネスコ勧告（ミュージアムとコレクションの保存活用、その多様性と社会における役割に関する勧告）、2019年のICOM新定義案の議論（MDPP 2018）、2022年採択の新定義等のように、博物館の社会貢献的役割が繰り返し示されている。社会課題への取組は、博物館活動のもはや国際的なスタンダードと認識されている。

3　デジタルアーカイブ化は何のため？

　こうした議論を念頭にした私たちは、博物館資料のデジタルアーカイブ化や DX を単独の事業と捉えない。そうではなく、地域の社会的課題の解決に結びつけ、それを目的とするよう DX 事業を位置づけようというのが私たちのスタンスだ。

　このスタンスと似ているようで、やや異なる回答がある。それは、誰もが資料や博物館にアクセスできるようにするため、というものだ。この考え方自体は非常に重要で、博物館へ物理的に来られない方々などへの配慮として、敷衍すれば基本的人権の尊重としても重視すべきと考える。しかし実際の作業内容や成果が、単にデータのオープン化ならば、誤解を恐れず言えば、デジタル化が目的となっていることの書き換えにも陥りかねない。それは冒頭で述べたような問題をはらむだろうし、デジタル化作業の業者への全面委託（丸投げ）や学芸員らのモチベーション低下（先の見えない単純作業、本当に誰かの役に立っているのかの実感が得難いなど）などにもつながりかねない。繰り返すが、ここでの問題の要点は、やはりデジタル化が目的に陥ることである。

　そうならぬためにも、何より現実の博物館を動かすためにも、何のためにおこなうのかという問いへ回答を探る作業は非常に重要である。私たちは、その作業の鍵が博物館と地域社会などとの議論および共働にあると考えている。私たちが普段からおこなっている、地域住民や学校、企業などとの意見交換を通じた社会的課題の把握、その解決のための共働作業の企画・実施という流れの中に、DX 事業を位置づけることである。企画から実施まで様々なアクターと共に実践する参加型アプローチといってもよい。何をデジタル化して広く普及しようというのか、それはどんな課題を解決しようと考えているからなのか、そのような意見交換をおこないなが

ミュージアム DX と社会的課題　65

ら、進んでいくというあり方である。

4 これまでのDXの取組

このように言うと、デジタルアーカイブを軽視していると批判を受けるかもしれない。その点、京都文化博物館では、デジタルアーカイブ構築の作業も進めている。当館では、それを資料のストック事業とオープン化事業の2つに分類し、現時点では特に前者へ重きを置いた作業を進めている。

京都は千年の都とも言われるよう、文化遺産の宝庫と捉えられている。当然、一つの博物館にその遺産は収まるものではなく、誤解を恐れずに単純化して言えば、京都中を博物館の収蔵庫と見立て、その所蔵者たちとの交流こそが学芸員の重要な仕事となっている。このような日々の業務の過程で、所蔵者の中には所蔵品を紹介・普及したり、将来にわたり継承したりするためデジタル記録化を希望しながら、自力で資料のデジタル化が難しく、その機会を見出せないでいる方々も多くおられることに気づいた。具体的には、個人の所蔵者や小規模な寺社仏閣、企業、学校などである。

この課題解決に向け、博物館に、希望者が資料を持ち寄り、自ら

●図1
デジタル化作業の様子

撮影し、データをご自身と博物館でストックする。博物館は一足飛びにそれをオープン化しないけれども、所蔵者らとの協議や研究をおこなって、限定利用、館内利用、館外オープンと利用範囲を広げ、普及を図る。そんなデータセンター構築を構想し、現時点では、技術的パイロットプロジェクトとして、本書でも紹介するエリジオンや OMDS、Nikon（本書第3章）や、村田製作所等の企業、それに NPO 法人フィールドなどとの実践研究を実施しているところである。この当館の実験的データストックの場は、すでに各地から視察を受け入れており、不定期ながら研修会も開催しているので、もしも読者で関心をお持ちになられたら、ぜひお声がけいただきたい。

　データのオープン化も、京都府立京都学・歴彩館が運営する京の記憶アーカイブ（www.archives.kyoto.jp）にておこなってきた。京都文化博物館の資料は、博物館所蔵資料と京都府蔵品の管理資料の2種があり、それらのうち管理資料の約2万件のデータを掲載している。京都文化博物館の web サイトで公開していないため、一見すると、デジタルアーカイブを持たないと誤解されるかもしれないので、改めて紹介しておきたい。また、上記のデータストック作業で得た京都の地域資料は、文化庁が運営する国のプラットフォームである文化遺産オンラインに搭載し、ここでの公開を図っている。サーバー料金の支払いなど、個々の博物館でデジタルアーカイブを用意するには経費的に難しい場合もある。そこで文化遺産オンラインを地域メディア構築の基礎として使おうという発想である。しかし上述のとおり、これだけではまだまだ不足が多いというのが私たちの考え方である。

　そのため他にも多数の DX にかかわる事業を実施してきたが（村野 2021）、以下ではとくに近年の活動で、社会的課題解決を意図して進める事業をその筋道を中心として紹介する[1]。

ミュージアム DX と社会的課題　67

5　地域連携事業

(1)　連携先の地域組織とは

　さて京都文化博物館は、京都駅から近く交通至便な館で、京都市の中央に位置する。博物館北側を姉小路通、南側を三条通が東西に走る。三条通は元々東海道であって、近世・近代を通じて交通の要衝にあたり、賑わいを生み出してきた場所である。このような位置にある京都文化博物館は、いわゆる都市博物館であり、府庁、文化施設、地域組織、学校、マスメディア、映画産業、福祉団体、寺社、ギャラリーといった様々な組織体と共働をしている。また考古、歴史、美術、映像など異なる専門の学芸員12人が、それぞれでも連携先をもち、DX事業の関連業務を進めているが、本稿ではまず地域組織との共働を扱う。

　なお地域組織と言うと、町内会を想像するかもしれない。そうではなく、京都ではいわゆる町内会のほか、学区、校区、神事の組織、まちづくり組織等と一人の市民が幾重にも所属をもつが、ここで言う地域組織はまちづくり組織を指す。複数の町内会をまたぎ形成された住民以外も参加可能な有志の団体であり、具体的には三条通を基盤とする京の三条まちづくり協議会（www.sanjyo-kyo.jp）と、姉小路通に根ざす姉小路界隈を考える会（www.aneyakouji.jp）の二つと連携事業をおこなっている。それら事業は別に述べているので（京都文化博物館地域共働事業実行委員会 2015・2016・2017、京都文化博物館学習普及連携室ほか 2019、村野 2023a）、ここでは三条通の DX 事業に焦点を絞る。

(2)　地域組織の課題意識

　三条通のまちづくりには、複数の目的がある。その一つはまちづくり協議会の発足経緯となった、まちなみや建物の景観保全で

ある。京都文化博物館別館はもと日本銀行京都支店（1906年竣工）で1969年に国の重要文化財に指定されている。近代洋風建築群が集積する三条通の中でもシンボル的存在なのだが、その隣へ1983年にマンションが建つことになった。それに危機感を覚えた自治体、地域住民、開発者が協議を重ねて、重要文化財建造物の高さを超えない、前に出ない、入角を作るという原則が作られ、以降、他の物件も同じ扱いをすることとなった（西村2019）。

このような努力の結果、三条通のまちなみは新たな店も増えて彩りを増し、多くの人々が訪れて、一見すると賑わっているように見える。しかし実際人々の多くは単に買い物が目的で、建物やそこに根ざす文化に触れる機会は多くなかった。しかも店舗の多くは外国や京都外の資本であり、さらに近代洋風建築の所有者も京外の資本で居住も東京などの別都市といった状況であるから、地域とのつながりは残念ながら希薄である。つまり、三条通の地域住民や組織らが護り、伝え、育ててきた文化が、ある種のフリーライダーに消費されている（簗2023）。さらには、私たちが実施したごく最近のアンケート調査によると、新住民も多い三条通の実態を反映してか、住民もそこに所在する各種の文化資源について知識や情報を持たなくなりつつある。このままでは地域の文化も活動も衰退してしまうかもしれない。

(3) 地域組織の活動と関連づけた DX 事業

こうした課題に対応するため、まちづくり協議会は新たに、市民・住民や民間事業者、行政と連携を図り事業を進めるべく2020年に三条通エリアマネジメント検討会議を設立し、「未来ビジョン」を策定した。そしてその実現のためのアクションとして5つのプロジェクトを企画した。その一つが「界隈みちあるき魅力発信プロジェクト」であり、ここにデジタル技術の活用が盛り込まれたので

ある。地域の文化の魅力を発信するため、地域メディアを構築しようというプロジェクトである。上記の地域活動にも連携してきた博物館は、ここでついに DX 事業としての連携事業も行うことになった。

　この事業ではアンケート調査結果を踏まえ、当地の歴史・文化、現在のまちづくりのトピックスを約 60 選び、そのテクストをまちづくり協議会と博物館それに当地の関係者（住民や歴史研究者、建築士など）が執筆、画像データを博物館の上記データセンターで作成し、また現在の関係者のインタビューデータを加えることとした。

　ここに搭載するデータはまた、京都文化博物館のみならず、同館を核として京都の博物館・資料館・研究所などの文化施設や地域組織らで結成した京都歴史文化施設クラスター実行委員会が提供することとした。通常の横断型デジタルデータ検索と異なり、これも地域課題への対応を念頭に、関係者らが議論しながら選んだトピックスに沿う形で、京都の文化施設が所蔵し、デジタル記録した資料データを目的的に提供する仕組みである。この文化施設横断型の仕組みは、2018 年度から開始した上述の実行委員会による地域連携事業で構築された関係性の延長上にあり、単にデジタルアーカイブ作りということだけでは存在しなかっただろう。

(4) DX 事業の特徴

　なお、各組織から提供され、また新たに作成するデータ類も、これらが通常のデジタルアーカイブのサイトで、キーワード検索しないと画面に出てこないのでは、調べる意思のある方しか利用しないだろうと私たちは考えた。またデータを見て、地理的空間的感覚が生まれなければ、三条通と結びつかないかもしれないことも危惧された。

　そこで私たちは、地図データをベースにした web サービスの

Google Map や Re:Earth などを初期費用、運用に関する費用、運用作業の技術的専門性の度合い、運用の労力、見た目の面白さ・魅力、サービスがもつ機能、今後の拡張可能性の観点から検討し、Mapbox というサービスを利用することにした。Mapbox はゼンリンの地図データを用い、Softbank 社などが出資するデジタル地図の開発プラットフォームである。技術的専門性の度合いはすごく低い、というわけではないが、ホームページ作成の経験や技術があれば、ある程度作成や運用が可能と考えられたこと、現時点 2023 年 7 月で 1 マップロードが月間 50,000 ロードまで無料で、10 万ロードまで月額 5 ドルなどと初期費用および使用量に応じた課金など価格面でのメリット、それに web 機能の一つとしてタイムトリップが装備されており、時間軸上の行き来も紹介も可能となることなどから、このサービスを選択することとした。

　現在、コンテンツ作成の最終段階であり、三条デジタルマップとして、2023 年度内にひとまず運用開始予定である[2]。その成果は、これが運用されて、地域に還元されてから評価する必要があるものの、参加型で制作プロセスが進み、それは社会的課題の解決が念頭にあることの実際は示せたであろう。

6　建築物の保存・活用

(1) 事業の目的とこれまでの取組

　このような社会課題に対するデジタル技術の活用に関する私たちの実践で、すでに運用成果も挙げている事業もある。それが三条通のシンボル的存在ともなっている当館別館の建築物の 3D 化と環境モニタリング関連事業である。建造物は 3D 化するには大型の対象物だが、最新の技術を用いてこれの 3D 点群データを計測し、現状を記録すると共に、環境モニタリングのベースデータとし、さらにバーチャル空間に公開するなど、建物データを多様に活用しようと

いう事業である。そしてここで培った知見と技術を他の建造物に応用していこうという目的を持っている。

三条通には近代洋風建築群が集積する。その所有者は先述の通り多様で、地域とのつながりが弱かったため、どのように地域の人々が建物への思い入れを持っているかを届ける術がなかった。そこで博物館とまちづくり協議会は2017年度から近代建築シンポジウムやツアー、翌年から「近代建築ウィーク」事業を立ち上げ、建物について所有者を含む地域の関心事とすることを試みた（京都歴史文化施設クラスター実行委員会2019、京の三条まちづくり協議会ほか2020・2021・2022）。そして2022年度からは長年準備していた建築物所有者会議（オーナーズ会議）をスタートした。これら事業や会議で問題意識にあがったのが、建物の保存・活用の仕方であった。

建築物は、いずれも貴重な文化財であるが、当然ながら博物館の収蔵庫に保管できるサイズではなく、しかも建物は人が使わなくなると保全も継承も困難になる特徴がある。収蔵庫で温湿度管理するのとは異なる発想が必要である。これに関連して、文化庁は「文化財活用・理解促進戦略プログラム2020」を策定し、文化財をユニークベニューとして活用した文化イベントを積極的に実施するプログラムを推進した。「ユニークベニュー」とは、建物本来の用途とは異なるニーズに応えて特別に利用される会場を指す。建物が本来持っていた以上の価値を見出せることのメリットは大きい。しかし、実際にどのような利用の仕方ならば建物にダメージを与えないのか、どの程度以上の活動をおこなったら問題が生じるのかについて、科学的データの蓄積は非常に少なかった。

(2)「活用科学」の実践

この「活用しながら保存・継承する」という大きな課題への取組に、2018年度から自然科学的手法を導入することとなった。筑波

大学と文化庁による文化庁・大学等共同研究事業「文化財の活用を
すすめるための科学調査」への参画である。調査内容は、施設利
用における温湿度、二酸化炭素濃度、微小粒子状物質（PM2.5など）、
振動などの環境データの変化を自然科学的手法によって継続的に記
録するモニタリング調査である。これを通じて、活用による建物等
の内装材や構成素材に及ぼす影響を評価できる基準作りやそれを裏
付けるデータを蓄積することが目的だった（村野 2020）。博物館側は
そのため通時的に、どのような催事でどんな機材類が利用され（音
楽会なら楽器、展示会なら什器など）何人が参加し何時から何時までおこ
なってどの扉を開けていたかなどを記録し情報を提供した。

　本事業によって、現在は、建物のもつ「換気力」などが明らか
にされ（Fukami et al 2020）、有機酸類を溜めないため二酸化炭素を指
標として窓・扉の開閉や空調稼働時間の判断ができるようになっ
ている。データのうち、温湿度や微小粒子状物質などのデータは
Purpleair 社の web サイト（map:purpleair.com）で常時公開している
から、研究者の分析および博物館スタッフの施設管理に用いるだけ
でなく、誰でもが環境データを見られるようになっている。

　この延長上で 2023 年度からは、株式会社村田製作所との共同研
究として同社の Pifaa Cloud を用いて、これまで複数のセンサーや
機材を用いる必要があった環境データ測定を一元化して把握し活用
する試みを開始した。この製品はクラウド上でデータ取得・管理で
きることが特徴で、照度や人流センサーも追加可能であるから、今
後、展示品への年間積算照度や来場者の滞留管理に応用が期待でき
る。またデータのクラウド共有は遠方の研究者や技術者ともデータ
共有を可能とする技術で、文化財建造物などの運用・管理に大きく
貢献するだろう。

　しかし強調しておきたいが、目的の明確化、環境測定の手法や
データ評価、運営への応用という一連のプロトコロルの構築なしに

ミュージアム DX と社会的課題　73

は、これら最先端のデジタル技術もそれほど有用ではなかったと考える。デジタル技術があるから、建物の保存・活用に直結するのではない。あくまで目的的活動成果があり、それに沿うからこそ意味がある。

(3) 3D データの取得と活用

　また建物の現状を記録する 3D 点群計測はこのモニタリング調査の一環で、株式会社エリジオンとライカジオシステムズ株式会社の技術協力で開始した。発端は松井敏也教授（筑波大学）の発想で、京都の多数の観光客が撮影する大量の風景・建物写真を随時提供してもらう仕組みをつくり、そこで得たビッグデータとしての画像を 3D 点群データへ重ね貼り合わせていき、建物の通時的変化をモニ

●図 2
京都文化博物館別館の 3D 点群データ

タリングする技術・サービスを構築しようと考えた。近年の観光客は現地の文化を消費するだけでなく、その保存・継承へ何かの形で貢献したいとの意思をもつ客が増えていると感じられるから、自ら撮影した写真が手軽かつ意義ある地域貢献となるならかなりの参加があるのではないか、とも考えたのである。実際には、そのためのシステム構築は今後の検討課題であるものの、むしろ現時点では三条通の地域課題であった建築物の価値や魅力の情報発信に3Dデータは大きく寄与している。

　本事業では3D計測によって取得した膨大な点群データをエリジオン社のInfiPointsで加工し、動画やVR、立体視モニター（ソニーマーケティング株式会社のELF-SR1・2）による上映、メタバース空間（NTTコノキューのDOOR）での公開を実験的におこなった。利用者による反応は、建物の非公開エリアを見学できたことが良いという好意的意見がある。さらに3Dデータならでは建物断面の表示や、光や空気の動き方など「現実空間でそこに行けても、実際に断面に切ったり突き抜けたりすることができない動きまで可能となる」ことに大きな反響が寄せられた。当館別館の魅力の一つは太陽光の室内への採光手法とその演出の工夫にあり、光の動きを体感してもらうことが重要であった。3Dデータがその課題を克服した[3]。

7　学校所在資料と学校博物館

（1）学校の課題：資料の散逸・亡失

　ここまで、まちづくりの社会課題とその解決に役立つDX事業を紹介してきた。最後にもう一事例、従来の博物館事業として盛んにおこなわれてきた学校との連携事業へのDX事業の導入について紹介しておきたい。なお従来の博学連携事業の多くは、博物館所蔵品を学校活動に生かすことを指すだろうが、本事例ではそうではなく、学校に所在する資料を博物館機能を延伸させて学校それに博物

館あるいは地域で生かす活動のことを言う。つまり扱う対象物・場は、博物館でなく学校にある。

上記までの事業と同様に、私たちはまず学校における課題把握から事業を立ち上げた。学校教員や教育センター、そのほか関係者と議論を重ね、また実地調査をおこなう中で、私たちは、学校所在資料が散逸・亡失の危機にあると気づいた。

学校には民具や古写真、古文書、考古資料など多数の地域資料・学術資料が所在する。2013年の横浜市の調査では、市内小学校319校に50,881件の資料があると明らかにされた（博物館デビュー支援事業実行委員会ほか2014）。日本博物館協会が2020年に刊行した『令和元年度　日本の博物館総合調査報告書』によれば、人文系資料なら約2,800点、自然系資料なら約500点もつのが日本の博物館の典型的姿とされる。したがって単純計算であるものの、横浜市内の小学校に保管されている資料は、人文系博物館で約15館分に相当することがわかる。たいへんな物量である。これら資料が、学校統廃合や学習指導要領の変化で利用機会が失われ、また資料情報を知る教員の異動や生徒・児童らの卒業などで情報継承が滞ることなど複数の要因で失われている。

(2) 多様な価値のある学校所在資料

そこで私たちは、京都府内の学校（小・中・高・特）にどれだけの資料があるかの所在調査を、各学校の教職員をはじめ教育委員会や京都市学校博物館、有志の方々と協力して2013年からスタートした。その成果は別稿で報告してきたが、少なくとも横浜市の例が特殊ではなく、京都でも同様に多数の学校に資料が所在することを明らかにしてきた（村野2015・2023b、村野ほか2021等）。

その資料は、例えば商売の盛んな場所の学校には商売関連の資料が、山際にある学校には山仕事の道具が、西陣織の地域の学校では

機織機など織物関連資料があるといった具合に、その土地にまさしく根ざした地域資料群だった。また京都の小学校が、明治期に消防署や公民館などの機能も兼ね備えた地域センターとして出発した歴史を物語るよう、近世・近代のまちの運営に関わる公文書やその関連資料もある。学校所在資料は学校の歴史だけでなく、地域の歴史や記憶の物証なのである。

　また教育施設ならではの、授業で用いられてきた教科書や教材がある。中には、日本考古学の父と評される濱田耕作（1881-1938）が監修した考古模型や、日本人類学の先駆者・坪井正五郎（1863-1913）らによる人種模型なども見つかった。濱田（1931）は千の言葉も、百の図画写真も、一個の模型に及ばないと言い、模型作りや模型を用いた学びを推奨した。坪井はまた人類学的調査の成果を盛り込んだ教材を学校で購入・利用してもらうことで、草創期にあった人類学という学問を普及・浸透させることを目指したと考えられている（幡鎌 2018）。学校教材は、考古学や人類学など、現在の私たちが専門とする学術と先人の歩みや努力の過程を掘り起こしてくれる。

　坪井の人種模型は、井上式地歴標本として知られるが、その制作にあたった井上清助は博多人形師であった。現代の私たちに伝統産業として知られる博多人形だが、この井上式地歴標本が多数の博物館や学校に購入され、販路が開拓された歴史がある（北垣 1914、平田・村野 2020）。これなくして、私たちの伝統産業の一つは隆盛を見せなかった可能性すらあり、学校所在資料は現在の産業にとっても大事な記憶であろう。

(3) 実物で学ぶ

　これら学校所在資料は他にも絵葉書や古写真、文献、考古資料などの多岐にわたるが、いずれも研究や価値づけを待つ一次資料である。こうした資料の活用を後押しする動きが近年出てきた。その最

ミュージアム DX と社会的課題　77

たるは学習指導要領である。

例えば『高等学校学習指導要領（平成30年度告示）解説』、いわゆる新学習指導要領では「総合的な探究の時間においては、間接的な体験による二次情報も必要ではあるが、より優先すべきは、実物に触れたり、実際に行ったりするなどの直接体験であることは言うまでもない。」（総合学習の時間編）と実物資料を扱うことの重要性が明記された。同じく小学校の学習指導要領でも、地域の図書館や博物館などの利用と並び、一次資料を活用した情報収集・鑑賞などの学習機会をつくることが推進されている。

ただし、学習指導要領へこのように書かれたとしても、資料が学校外の組織にあるものを扱わねばならないならば、そことの折衝の労力や教材研究の時間を考慮すれば教員への負担は大きいだろう。しかし、学校に資料が存在するなら話は別である。自校の資料ならば折衝の必要はなく、扱う際の気の使い方も軽減できる。教材研究の時間もはるかに多く取ることができる。したがって学校所在資料は、学習指導要領で言うところの、これから扱うべき資料として高い価値をもつと評価できるはずだ。

(4) 資料の活用実践と DX 事業

こうした議論を踏まえた上で、箱にしまわれたままの未知の状態

●図3
情報教育としてデータ入力

となった学校所在資料を既知のものとし、活用できる状態とするため京都文化博物館では学校教員・生徒らと協力し、授業や部活動など多数の機会を作りながら、学校資料の整理や研究、記録、データベース化、授業・展覧会などでの活用を実践してきた（村野 2022b、村野編 2020・2023）。

　そして DX 事業としては、学校所在資料を当館展覧会時の借用機会とからめ、各校がもつ絵葉書や古写真、絵地図、考古資料、模型類について当館データセンターで資料撮影をおこない、デジタル化をおこなった。学校で欠けていたデジタル記録機能を、学校との議論と実践の過程で、博物館は提供した形である。

　さらに学校側、とくに京都府立鴨沂高等学校では、デジタル化された絵葉書の諸情報（タイトル、発行所、記入の有無等）を入力しデータベース作成する取組がおこなわれた。その作業は、当館との連携授業や京都文化コースの授業に組み込んだもので、卒業生や教員自身の作業も加わりながら、6 年間で約 6,000 枚もの絵葉書をデータベース化できた（島田 2023、村野 2023c）。島田雄介教諭は「6,000 枚を超える鴨沂高校所蔵の絵葉書や古写真は歴史教材として魅力はあったが、途方も無い数で活用の見通しが立たなかったが、デジタル化し、リスト化する作業によってようやく現実に教材とでき、今後も工夫の可能性を感じている」と述べておられる。

　GIGA スクール構想のもと、1 人 1 台のデジタル端末の配備は現実のものとなり、ひとたびデジタル化した資料は、デジタル教科書やデジタル黒板を通じて、生徒・児童のもとに容易に届けられるようになった。しかし資料情報を欠くデジタル画像だけの状態や、外部から与えられた多量のデータを教員が自ら把握し教材研究できない状態ならば教材になりえない。学校のペースに合わせながら、資料の活用方法を共に練る作業が、博学連携の DX 事業には求められる。

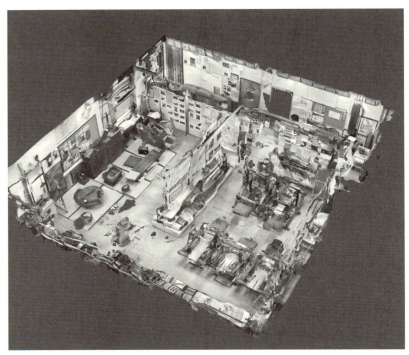

●図4
3D 学校博物館

(5) 仮想空間と現実空間の学校博物館

　学校資料にかかる DX 事業として、さらなる展開可能性についても触れておきたい。それがデジタル技術を活用したバーチャル・スクール・ミュージアム（VSM：仮想空間の学校博物館）である。学校博物館は郷土室や資料室等の総称で、現役の学校の敷地内に設置され、資料の収蔵、保管、展示、学習などをおこないうる機能をもった施設である（村野 2022a）。リアルな学校博物館については、京都市内小学校の悉皆調査により約 6 割の学校にあることが明らかとなっている（村野ほか 2021）。学校博物館の歴史は古く、近代学校制度の始まっ

た明治期からその存在は確認でき、大正期の調査では全国の博物館のうち、約4割が学校博物館だったという記録すらある（文部省1917）。近代教育に大きな影響を与えた米国の教育哲学者であるジョン・デューイ（1859-1952）もまた学校内に博物室（Museum）を設けることを提案した。

　各地の学校博物館は、学校近隣の地域性豊かな資料が収蔵されているから、対比的に単純化して言えば、京都文化を名乗る当館に来館するよりも、京都中の学校博物館を巡ったほうが、より深く地域文化を知ることすらできる。しかも学校は、全国で約35,000校もある。日本には、最も広範囲の領域を扱う国立博物館が15施設、府県や市町村といった地域を扱う地方博物館は約4,400館あるが、学校博物館はさらに細かな地域を扱う第三の博物館として意味をもつ可能性もあろう。余談だが、もしも学校図書館と同様に、学校博物館法ができ、学芸教諭が赴任することになれば、毎年生まれる学芸員資格者の就職先も新たに開拓されるかもしれない。

　しかしながら学校博物館は、学校教育のための専門施設たる学校内にあり、社会教育施設たる地域博物館等と異なって一般の人々の観覧やリファレンス・サービスなどへ対応する施設ではない。また生徒・児童らのプライベート情報を扱う施設でもあり、学業へ専念させる必要もあることから、学校博物館は物理的に容易にアクセス可能な施設として一般に開くことを推奨される施設ではない。そのことに注意が必要だ。

　ところが、デジタル技術によってその扉を開くことが可能になってきた。学校博物館の展示を3Dデータ化し、また個別の資料もデジタル化することで、リアルな空間ではアクセス不可でも、バーチャルな空間ではそれが可能となる。バーチャル・ミュージアムのサービスは近年各種生まれており、それらを活用することも可能だろう。もちろん、バーチャルでも公開すれば、学校へ資料調査や見

ミュージアムDXと社会的課題 | 81

学依頼が増える可能性はある。そのため実験的な研究をおこないながら、教育委員会や学校との了解を得て、公開の仕組みや見学の形などを構築していくことは課題となる。現時点では、上記の鴨沂高校でも、学校内しかも教員のみのデジタルデータ利用という制限公開にあり、またデータを共有する京都文化博物館でも展覧会時の期間限定公開という形をとっている。ただし、現在、京都市内の複数の小学校でも 3D データ構築や授業利用に関する当館への要望は増えているから、今後発展の可能性は十分にあると考えている。

　なお学校博物館は、海外にも存在する。技術的にはそれらの学校博物館がもつ資料を閲覧することも可能となる。したがって、VSM を国内外でつなげることができれば、地域密着の資料や情報を用いた低学年時の身近な地域学習への活用から、学年が進むにつれ、他地域の学校博物館の利用、さらに国際的な学習で海外の学校博物館の観覧と目的に応じた活用が可能になる。このように学校博物館は多様な教育の場面で活用可能性があり、いわば教育インフラとして潜在力をもつはずだ。

8　まとめ

　以上、京都文化博物館での DX 事業の考え方や実際の取組、将来の展望を紹介してきた。一見すると個別事業に過ぎないように見えるかもしれないが、普段からの通常業務として博物館の社会貢献的、社会課題解決的行動を行うことで、デジタル技術を目的的に利用することができるという共通点は示せたのではなかろうか。しかも、それによって博物館機能を館外の社会に向けて延伸する可能性も増すことができたと感じている。今後、京都以外の地域でも、その可能性を広げる研究や実践をおこなっていきたいと考えている。

註

1) 文化芸術振興費補助金 Innovate MUSEUM 事業の Museum DX 事業の支援を受けた最新の取組（京都歴史文化施設クラスター実行委員会の DX 事業）は令和 6 年度全国博物館長会議のアーカイブ配信を参照。https://www.youtube.com/watch?v=3VXiNC8Akho
2)「三条デジタルマップ」https://map-sanjo.jp/history-map（今後、京の三条まちづくり協議会のサイトへ移行予定）
3)「旧日本銀行京都支店の 3D 動画」京都文化博物館 Youtube Channel　www.youtube.com/user-iq7du5wn6m　「旧日本銀行京都支店のメタバース」DOOR 内に作成したルーム　https://s.door.ntt/TPgcoGi

引用・参考文献

北垣恭次郎 1914「教授用具としての井上式博多人形」『教育研究』128、99-101 頁
京都文化博物館地域共働事業実行委員会 2015・2016・2017『"まち"と"ミュージアム"の文化が結ぶ幸せなかたち』1・2・3、京都文化博物館地域共働事業実行委員会
京都文化博物館学習普及連携室・ICOM 京都大会準備室編 2019『ミュージアムの課題と可能性を考えるワークショップ第 2 回「まちづくりと博物館」報告書』京都府京都文化博物館・京都歴史文化施設クラスター実行委員会
京都歴史文化施設クラスター実行委員会 2019『博学社連携シンポジウム三条通の近代洋風建築群　記録集』京都歴史文化施設クラスター実行委員会
京都歴史文化施設クラスター実行委員会 2024「京都文化次世代データセンター（仮称）の構築のためのプロジェクト」『Innovate MUSEUM 事業』成果報告会資料　https://www.bunka.go.jp/gyoji/94072001.html
京の三条まちづくり協議会・京都歴史文化施設クラスター実行委員会 2020・2021・2022・2023『博学社連携シンポジウム　三条通の近代洋風建築群　記録集』京の三条まちづくり協議会・京都歴史文化施設クラスター実行委員会
島田雄介 2023「約 6 千枚の絵葉書を資料化する」『「学校博物館」を成長させる―京都府立鴨沂高等学校所在資料の発見と活用 II―』学校資料研究会・京都府立鴨沂高等学校京都文化科、70-78 頁
ションコイ・ガーボル・奥村弘・根本峻瑠・市原晋平・加藤明恵（著・翻訳）2023『ヨーロッパ文化遺産研究の最前線』神戸大学出版会
西村祐一 2019「京の三条まちづくり協議会のこれまで」『博学社連携シンポジウム　三条通の近代洋風建築群　記録集』京都歴史文化施設クラスター実行委員会、65 頁
筥正康 2023「三条通の課題」『博学社連携シンポジウム　三条通の近代洋風建築群　記録集』京の三条まちづくり協議会・京都歴史文化施設クラスター実行委員会、34 頁
博物館デビュー支援事業実行委員会・横浜市歴史博物館編 2014『平成 25 年度「学校内歴史資料室を活用した博物館デビュー支援事業」年報』博物館デビュー支援事業実行委員会・横浜市歴史博物館
幡鎌真理 2018「天理参考館所蔵「井上式地歴標本」について」『天理参考館報』31、75-89 頁
濱田耕作 1931「序」『考古学関係資料模型図譜』岡書院、2 頁
平田健・村野正景 2020「博多人形師の作った人種模型標本―井上式地歴標本―」『学校の

文化資源の「創造」─京都府立鴨沂高等学校所在資料の発見と活用Ⅰ─』学校資料研究会・京都府立鴨沂高等学校京都文化科、6-23頁

村野正景 2015「学校所蔵資料の継承と活用への取り組み─京都における調査を題材として─」『遺跡学研究』12、90-96頁

村野正景 2019「ミュージアムの社会貢献としての学校所在資料の発掘と活用」『LINK 神戸大学大学院人文学研究科地域連携センター年報』11、48-62頁

村野正景 2020「重要文化財　旧日本銀行京都支店の保存・活用に資する新たな手法」『文化財レポート』33、3-8頁

村野正景 2021「コロナ禍での博物館活動の焦点は何か：京都文化博物館の努力と工夫」『ジャーナル』ICOM Japan、https://icomjapan.org/journal/2021/09/01/p-2568/

村野正景 2022a「学校博物館の基礎的研究─学校資料の所在する場の理解に向けて─」『国立歴史民俗博物館研究報告』234、1-36頁

村野正景 2022b「学校で資料に出会う、気づく：資源化の実際と今後の活動可能性」『文化資源学』20、72-85頁

村野正景 2023a「ソーシャル・キャピタルと博物館─ウイズ・コロナ時代の社会貢献を目指して─」『資料と公共性 2022年度研究成果年次報告書』九州大学大学院人文科学研究院、22-38頁

村野正景 2023b「京都の学校博物館の「特別公開」─「京都府内の学校所在資料展 2」の記録を兼ねて─」『朱雀』35、13-31頁

村野正景 2023c「絵葉書の概要」『「学校博物館」を成長させる─京都府立鴨沂高等学校所在資料の発見と活用Ⅱ─』学校資料研究会・京都府立鴨沂高等学校京都文化科、79-90頁

村野正景編 2020『学校の文化資源の「創造」─京都府立鴨沂高等学校所在資料の発見と活用Ⅰ─』学校資料研究会・京都府立鴨沂高等学校京都文化科

村野正景編 2023『「学校博物館」を成長させる─京都府立鴨沂高等学校所在資料の発見と活用Ⅱ─』学校資料研究会・京都府立鴨沂高等学校京都文化科

村野正景・和崎光太郎・林潤平 2021「学校内歴史資料室についての調査結果と所見─全京都市立小学校を対象としたアンケート調査─」『京都市学校歴史博物館研究紀要』8、3-17頁

文部省 1917『常置教育的観覧施設状況』1917（大正5）年12月（1991『博物館基本文献集 第10巻』大空社所収）

Fukami R., Matsui T., Kawasaki E., Murakami K., Murano M. 2020. *Research for unique venue of cultural properties made by bricks in Japan.* IEEE 9th Global Conference on Consumer Electronics, IEEE Xplore. IEEE, 2020

MDPP 2018. *The Museum Definition, Prospects and Potentials（MDPP）report and recommendations.* MDPP-ICOM

収蔵資料のデジタル化と仲間づくり
石棒クラブと飛騨みやがわ考古民俗館の取組み

 三好清超 MIYOSHI Seicho　　飛騨市教育委員会

はじめに

飛騨みやがわ考古民俗館（以下、「当館」という。）は、岐阜県飛騨市に所在する。当館では収蔵資料の価値を地域資源の魅力として広く全国・世界に発信し、関係人口を拡大させてきた（三好2022）。

本稿では、デジタル化により収蔵資料の公共化を目指す石棒クラブの取組みを紹介する。

1　飛騨みやがわ考古民俗館と石棒クラブ

飛騨市は、岐阜県最北部の山間地に位置する。総面積792㎢のうち93％が森林、大半が特別豪雪地帯という自然豊かな環境である。人口は2024年4月現在21,877人で、高齢化率は40.42％である。このように人口減少が進む飛騨市に当館は所在する。

当館の収蔵資料は、豪雪地帯の生活民具2万点や旧石器〜縄文時代の発掘出土品4万点などである。とりわけ縄文の祈り

●図1
石棒の展示写真

85

の道具である 1,074 点の石棒は、製作工程が判明したため全国的に注目を集めてきた（図1）。他方、合併後の中心市街地より 27km ほど離れた当館は、管理人を募集しても集まらず、年間 30 日の開館に留まってきた。

　この当館の課題は、飛騨市の人口減少という課題に根差している。そのような人口減少が著しい地域で、関係人口を創出させて飛騨みやがわ考古民俗館の存続を目指す取組みが「石棒クラブ」である。

2　石棒クラブの mission・vision・value

　石棒クラブは石棒 PR 活動を開始して 3 年経ったころ、鳥谷真佐子氏らの研究に基づくワークショップを受けた。関わる個人や団体に提供してきた価値の可視化を試みたのである。それにより、関係する個人や団体として、市民、来館者、飛騨市のファン、縄文ファン、博物館ファン、同様の課題を持つ自治体や博物館、これまで当館やその収蔵資料を保護してきた先輩方、未来の市民や来館者などが認められた。また提供できた価値としては、満足感、幸福感、誇り、居場所作り、運営手法、博物館資料などが上位に認められた。これらを総括し、mission・vision・value を以下の通り定義した。

　mission は、石棒をはじめとした文化財の活用を通じて、新しいミュージアムの姿を創り出すこと、また、飛騨市や日本全国そして世界の人に幸せを届けることである。vision は、あらゆる人が文化財を楽しみ、人生を豊かにするためのプラットフォームになることである。value は収蔵資料を調査し守り伝えてきた方々に感謝と敬意を持つこと、価値を様々な媒体でオープンにして多様な個人や団体に届くような企画を行うこと、そのために先端技術を用いるチャレンジを行うことである。これに基づく活動が、当館収蔵資料の画像データと 3D データの作成である。

第 2 章　博物館 DX の実践と展開
Practice and Development of Museum DX

3 収蔵資料を「見える化」する博物館 DX で仲間づくり

(1) 石棒画像データの取得と公開

　石棒クラブの当初からの活動の一つが、「一日一石棒」である。この事業では、塩屋金清神社遺跡で出土した石棒類 1,074 点を撮影し、ほぼ毎日 1 点ずつ Instagram（#石棒クラブ）で画像を公開している（図 2）。画像データ取得のため、石棒クラブによる公開前提の撮影会を企画したところ、自身の経験やスキルを活かしたい、撮影技術を学びたい、当館と関わりを持ちたいという動機の人たちが集まった。ポジティブな動機を持つ参加者同士ということもあり、撮影の際に最も特徴づけるカットは何かを語り合う交流が生まれた（図 3）。データ化の場が印象深かったためか、石棒に対して愛着を感じた参加者が多かった。

　2023 年 6 月には 1,074 点全ての石棒の撮影を終え、2024 年 4 月現在 900 本あまりを公開した。画像は文化遺産オンラインと飛騨

●図 2
石棒クラブ Instagram での一日一石棒

●図 3
石棒撮影会（2020 年）

市画像オープンデータサイトで公開し、自由な利用を推奨している。両サイトのリンクは、全国遺跡報告総覧の塩屋金清神社遺跡（A 地点）発掘調査報告書のページに貼った。目に留まる場面を増やした結果、石棒画像がくにたち郷土文化館の展示で使用されるなどした。

(2) 3D データの取得と公開

　石棒クラブでは、2019 年 4 月に石棒等数点の 3D データを取得し、それを Sketchfab にて公開した。2020 年にはオンラインツアーの経験を経て、多くの視聴者が同時に資料観察することができると考え、ダウンロード可として資料数を増やしていくこととした。

　2021 年からは、3D データ化の手法の学習、収蔵資料の 3D データ化を目的に「3D 合宿」をイベントとして開催した（写真 4）。参加者は、自分の技術を活かす中〜上級者・技術を磨きたい初級者など幅広く、立場も大学教員・自治体の担当者・学生・飛騨市民らなど様々である。多様な目的を持つ多様な参加者が、同じ目的をもって 3D データ化を行う場となった。石棒撮影会同様、参加者同士

●図4
石棒クラブ3D合宿（2023年）

は普段接しない層であるため、それを刺激に感じる人が多いと分かった。

　作成した石棒3Dデータは、Sketchfabにてオープン化した。それにより、学校のGIGAスクール構想によりタブレットを持った児童生徒に閲覧され、作家による石棒ろうそく作成などに利用された。また、市内のカフェ FabCafé Hida で出力する有償サービスもある。さらに、長野市立更北中学生がデジタル博物館を作成されたり、フォートナイトというゲームで利用されたりした。思いも寄らない活用がなされ、裾野が広がる状況が生まれた。

（3）収蔵資料データの取得と公開を関係人口と共働する

　石棒画像データ及び石棒3Dデータ作成の特長は、指導者を置き、参加者公募で行っていることである。その場に集まる方々の目的は多様だが、根底には当館の抱える課題の解決に惜しまず力を貸してくださる意識がある。そのようなポジティブな動機の方々がデータ化を行う過程こそ、交流の場や資料に対して愛着を深める場となった。ここに集う人々を、飛騨市では関係人口と位置付けている。

　また、オープンデータにしたことにより、公開情報の在り方にまで意見交換が可能となった点もメリットである。更北中学校ものづ

くり部員から、石棒クラブに対して「OBJだけでなく、他の形式でもデータをオープンにしてほしい」等の要望があったのである。オープンにする側がもっと利用者の多様なニーズを意識すれば、さらに活用の幅が広がっていくものと考えられた。

4　石棒クラブ活動の成果

　収蔵資料情報の取得と公開を関係人口とともに実施したことにより、来館者は石棒クラブ発足前の3倍以上に増加し、2022年度は753名にも及んだ。また、石棒3Dデータは2024年4月現在4万閲覧を越えている。原因は、報道機関からの発信で存在が知られ、遠方からの来館や地元の方々の再訪問の機会になったと考えられる。さらに、当館では茅葺き民家・市指定文化財「旧中村家」の保存活用事業を飛騨市がんばれふるさと応援寄附金（ふるさと納税）の使途メニューとしている。これに対し、2023年12月末までに約62,000千円の寄付があった。このように、来館やデータ活用だけでなく、多様な応援の在り方も整備していきたい。

　入館者の増加で注目が集まったことで、スリッパが35年ぶりに新調され、壁紙が28年ぶりに張替えられた。飛騨市役所で予算措置がなされたのである。次に、市役所の職員募集ページで学芸員業務が紹介されるなど、市役所を代表する仕事と認識されるようになった。その成果、2023年度の市役所インターンで文化財保護業務1名を公募したところ28名もの応募があった。これらのことを通じ、設置者である市役所とも信頼を高め合うことができた。

　ここで大切なことは、DXによる収蔵資料を中心としたつながりが、「設置者―収蔵資料―担当者―参加者・応援者」ではなく、「設置者―収蔵資料―担当者と石棒クラブメンバー―参加者・応援者―指導者」という属人的でない状況になっていることと考えられる（Sugino 2024）。

5 石棒クラブ活動の今後の展望

2023年11月には、インターネット回線を敷設して無線LANを整備した。その環境を利用し、スマートキーやネットワークカメラなどIoT機器を設置して、学芸員や管理人が不在でも開館できる体制を整えた。また、同時に一日管理人制度も新設し、管理人有人の開館日も増やすよう努めている。さらに、当館の楽しみ方の紹介動画や多言語ARパネルの二次元コードを館内に配置した（図5）。

今後は、ICタグやRFIDを利用した収蔵展示資料の一括管理により、資料管理体制も充実させたい。また、館内のバーチャル空間を作成し、管理人不在、来館者不在でも当館を体験できる状況を生じさせたい。それにより、市の抱える人口減少という課題にも対応した博物館施設の姿を目指していきたい。

おわりに

以上のように、当館では、関係人口と共働して収蔵資料情報の取得と公開を行い、その整備に注力してきた。その結果、多くのコミュニティと新たな関係性を築く機会が生じ、当館を入り口にして飛騨市の認知度向上に繋がり、それにより市内での存在価値を高めることができた。このような在り方が国や他の自治体等の持つ課題解決の糸口にもなっている状況となり、さらに多くの方に当

●図5
多言語AR展示解説

●図6
飛騨みやがわ考古民俗館と石棒クラブの概要図

館と「石棒クラブ」の存在を知っていただくこととなった（図6）。

今後も、人口減少がさらに進む社会を迎えることを前提に、当館の継承をかけた石棒クラブの活動が全国の小規模ミュージアムの先進事例になると信じ、笑顔で邁進したい。

引用・参考文献

Hiroaki Sugino 2024. *Strategy of Endogenous Cultivation with Associated People —Case Study of Hida, Japan—*, Proceedings of International Symposium on Yeongwol Cultural City: Relationship Population and the Love of Hometown Donation System

三好清超 2022「関係人口と共働した文化財と博物館資料の活用―飛騨市モデルの報告―」『デジタル技術による文化財情報の記録と利活用4』奈良文化財研究所研究報告第33冊

自然史系資料の
デジタル公開と課題

 佐久間大輔 SAKUMA Daisuke　大阪市立自然史博物館

1　自然史資料の特性とアプローチ

　自然史系博物館は、生物あるいは地学的な資料を、周囲の状況とともに記録し、再検証可能な形で保存処理し、研究・教育（展示を含む）に活用する目的でコレクションとして収集している。形状としては岩石、化石、プレパラート、おしば標本、昆虫標本、魚の液浸標本、鳥の仮剥製、バラバラの骨格標本など多様な形態をしている。その数は大規模な館では数百万点、中小の自然史コレクションを持つ館で数十万点に上る。そして、多くの場合、そのうちの数％だけが常設展示で見られる資料だ。

　自然史系資料は、①資料数が膨大であること、②資料形態が多様であることとともに、③資料の由来やコレクションよりも、分野ごとの体系にしたがって整理されることが多いのも重要な特性だ。例えば生物の分類体系、地質編年といったものだ（後述）。

2　自然史資料をデジタル化する動機から考える

　博物館は研究者に向けては過去の研究資料を将来の研究資源として活用する場であり、市民に向けては地域を記録し、市民自身が自然に向き合う機会を提供する場である。向き合い方は多様であり、

知らなかったものに目を向ける驚きの場であり、市民科学者として自らが問いを紡ぎ出し、それに向き合う場にもなる。

　科学者に対しても、市民に対しても標本の活用の鍵になるのはアクセシビリティである。2022年、プラハで採択された新たな博物館の定義[1]でも博物館は "Open to public, accessible and inclusive, foster diversity and sustainability"（「公共の利用に開かれ、アクセス可能かつ包摂的であり、多様性と持続可能性を促進する機関」佐久間訳）という基本的要件を持つとされる。これはけして展示室だけの話ではないだろう。先に述べたように展示室を公共の利用に開かれ包摂的な空間としても資料のわずか数％にしかアクセスできない、という現実が残る。この割合をデジタル技術でどこまで高めることができるか。デジタルなアクセスに不十分な点があるとしても、一歩でも二歩でも「公共の利用への開放」に近づいていることには他ならないだろう。博物館の資料のデジタル化は、基本的な使命実現に向けた基礎的な任務といえる。未公開資料の率が大きい自然史系博物館においてはより切実な課題でもある。

　博物館資料のデジタル化にはいくつかの段階がある。インベントリ（Inventory）と呼ばれる台帳情報など目録のデジタル化の段階、この過程には個別資料のインベントリと、コレクション単位の整理と公開とがある。次に、資料撮影画像のデジタル公開、これはいわば「図録」のデジタル公開に等しい。しばしばこうした情報はカタログ（catalog）と呼ばれる。その先に3Dデータなどデジタルならではの手法による公開がある。以下順を追ってみていきたい。

3　インベントリレベルの目録化

　収蔵庫に入った資料は、目録がない限り外部からはどんな資料があるのかわからない。さらには各博物館が個別に公開しても、どこのデータベースに収録されているかわからない状況では実用性が低

い。資料情報は統合的なデータベースへの公開が重要になる。

　地球規模生物多様性情報基盤（GBIF）は、全世界の自然史標本情報について資料の名称、保存機関や登録番号、採集場所や採集年月日などを収集・統合して発信している。国内で1千万件超、全世界で23億件の標本情報、その他目撃記録などを集約しているシステムだ。国内からは115機関が参加している（令和5年時点）。情報は「ダーウィンコア」というフォーマットで整えられた文字情報であり、標本にアクセスするための検索用途だけでなく、データそれ自体も有効活用され、多くの研究成果を生んでいる。

　国内のデータのハブ役を努めている国立科学博物館の努力もあり、国内の自然史系博物館のコレクションの公開先の主要な受け皿になっている。国立科学博物館は事務局として、データのクオリティ管理、エラーチェックなどを行うとともに、データコンバートツールの提供や研修など地方博物館の公開支援も行っている。しかし、人員不足もあり各博物館の公開は十分な水準にまでは達していない。デジタル化の加速のためには、入力支援ツールや人件費などの集中的な投下と、手法の革新が必要になる。

┃ 4　コレクションレベル、施設レベルのインベントリ

　大規模なコレクションを保有する自然史資料では、寄贈されたコレクションのまとまりを崩して、分類体系別に整理される。「寄託」などの管理上の事情、あるいはコレクションのまとまりが特に重要だという特殊な場合を除けば、植物標本庫には多様な寄贈者・採集者に由来する標本が科、属、種という分類体系の中に統合されている。採集者やコレクション由来は標本に添付されるラベルやスタンプで表現されてたどることができる。昆虫でも、一個体毎に採集ラベルとともにコレクションラベルなどが追加され、分類体系に再編されても由来はたどることができる。歴史資料などではISAD

自然史系資料のデジタル公開と課題　｜　95

（G）など、アイテム（個々の単位資料）レベルでの整理に比べ、フォンド（コレクションなど受入資料一括した「一件資料」）単位での整理・公開を優先すべきであるという考え方があり、これを文化庁「博物館 DX の推進に関する基本的な考え方」などでも踏襲している。このあたりには、自然史資料の事情が異なる点がある。ただし、分類別の体系的整理は研究が進み登録の済んだ資料の事情であり、受領はしたが、整理研究の進んでいない資料群に対しては歴史資料同様フォンド（受け入れた資料群）あるいはもう少し整理されたファイル単位（特定テーマ資料単位）での概要整理が重要になる点は変わらない。こうした概要情報の公開は、この収蔵施設（博物館）の概要などの形でも活用・公開される。

　どこに施設（標本庫）があるのか、どんな資料を持っているかというデータベースは古くから存在している。Index Harbariorum は国際的に認証された植物標本庫の総覧であり、登録した施設は、国際的に通用する機関略号を得ている。例えば大阪市立自然史博物館は OSA、国立科学博物館は TNS、東大は TI である。現在はこうした機関略号は GRSciCol（Global Repository of Scientific Collection）として自然史系の標本収蔵施設全体に拡張され、GBIF と連動して運用されている。

5　画像レベルの公開 (catalog)

　資料を画像で記録・公開することは属性情報だけのインベントリとは異なる多様な情報を伝達してくれる。従来の展覧会図録は、その展覧会に出品された資料を画像や解説とともに記録、公開するためのものであり、特に美術品分野では重要視されてきた。基本はこのデジタル化版だ。高解像度であれば資料の現状の記録となり、画像での研究も一部可能になる。また、研究利用以外に、鑑賞や学習などの用途も広がる。

ただし、高精細画像は文字情報とは比べものにならないくらい大容量の記録容量を必要とする。インベントリ以上に、撮影に時間やコストがかかることから、「優品主義」におちいり易い。珍しいもの、美しいもの、よく知られたものと言った「優品」を優先し、それだけの撮影でとどまってしまうことが少なくない。優品主義は他の館種でもしばしば問題になるが、デジタル化は収蔵庫にしまわれた資料へのアクセスを可能にする活動であるとするなら、普段情報公開されていない「その他多数」の資料こそ撮影、公開したい。

　資料公開にどのような意味があるのか、何が面白いのかは利用者が判断することであり、過度に博物館が優先順位をつける必要はない。それよりも一点でも多く撮影し、公開する方がよいという考え方もある。撮影を低コストで迅速に行う技術開発は世界の博物館で進んでいる。自動化、OCR や AI など、この分野の発展は早い。OCR が発展することにより、撮影してしまえばインベントリ情報も生成できるという技術は目の前まで来ている[2]。また、AI ではなくオンライン上の資料整理に市民参加を導入する動きも内外で行われている。

　安定して良質な画像を迅速に撮影するにはスタジオの整備が必要になる。全国の小規模の博物館にまで撮影装置を整備することは実際上むずかしい。小規模館の標本数はけして多くはないが、その地域に特化した資料が多く、全体として有用な情報となる事例が報告されている[3]。アメリカの iDigBio は拠点博物館に一度資料を集めて撮影し、デジタルデータと標本を元の博物館に返却するという手法を採用している。西日本自然史系博物館ネットワークでも拠点となりうる博物館に撮影スタジオを設置し、小規模館の植物標本持ち込み撮影を可能にする体制を整備中だ。兵庫県立人と自然の博物館・大阪市立自然史博物館・滋賀県立琵琶湖博物館に、安価な機材での撮影装置を設営した。コンピュータ画面で管理しながら撮影

自然史系資料のデジタル公開と課題　97

●図1
大阪市立自然史博物館に整備した撮影スタジオ

機材の設定を弄らずに撮影、確認が可能なテザー撮影を採用した。この手法で、特に専門技術を持たないアルバイトでも1日あたり6-900枚の撮影が可能となる。数ヶ月で数万点のデジタル化が可能である[4]。

植物の場合には平面の標本で容易にラベル情報も撮影できるなどの利点があるが、ラベルが標本の下に隠れてしまう昆虫標本、瓶の中の液浸標本などは、撮影と情報取得にはさらなる工夫が必要となる。また、素材ごとの研究活用に必要な撮影方法、標本を美しく見せる撮り方など、様々な面で改善と工夫の余地がある。

6　よりリッチなコンテンツの公開

　立体的な構造を持つ資料は、平面の写真だけでなく3Dでの情報提供もオプションの一つだ。レーザースキャナによる従来の3Dモデル構築に加え、多数の写真やムービーを元にしたフォトグラメトリで構築したモデルを公開する博物館も増えてきた。どのような標本を、何を目的に3D化するのかによって選択は異なるだろう。

　技術的項目は他章に譲るが、自然史標本には立体化が魅力的な資料も多い一方、数量的にすべての資料の3D化は難しい。3D撮影もスマートフォンの撮影能力が改善したことで劇的に手軽に行えるようになっているとはいえ、現段階では取捨選択が必要になる。ただし、ここでも質と量のトレードオフがある。重要標本などを手間を掛けてでも精度の良い3D公開が必要なのか、精度は低くても教育やオンライン鑑賞体験のために数を揃えるのか。「優品主義」に留まらず利用者メリットを考慮した、具体的な利用形態を想定した

戦略が必要である。技術動向をにらみながら検討を続けたい。大阪市立自然史博物館でもアンモナイト類のタイプ標本など重要標本や、大型骨格標本をまず試作的に3D化した[5]。これをオープンデータとして活用し、様々な需要の喚起を図っている段階だ。

7　デジタル化の先にあるもの

　博物館の抱える自然史資料について、属性情報、画像あるいは3D情報など様々なデジタル情報公開が進みつつある。このような公開はどのような状況を作り出すのであろう。VR空間での展示はその一つかもしれないが、それほど大量の自然史資料がVR空間で活用される将来はやや想像しにくい。自然史資料には幅広く整備され、利用されているデジタルデータが別にある。遺伝子情報である。20世紀末以降、生物学研究における遺伝子情報の持つ重要性は格段に上昇した。分類学のみならず、古生物学、進化学、生態学など自然史資料を用いる様々な分野で遺伝子情報は活用され、新種の記載論文投稿時に標本とともに遺伝子情報の登録を義務付けている論文誌も多い。取得された配列はDDBJなどのデータに登録される。その遺伝子資源をどの標本からとったのか、標本との紐づけもまた重要である。

　さまざまなデジタル情報が加わることで、博物館の標本は価値が高くなる。研究利用と関連して近年提唱されているのが、関連する情報すべてを標本に結びつけてパッケージとして流通させる「デジタル拡張標本（Digital Expanded Specimen, DES）」[6]という概念である。標本の属性情報、資料の現場写真、採集時の生態写真や動画、周辺環境、DNAデータや、3Dデータ、場合によっては組織の顕微鏡写真、さらには標本に関連する文献情報（PDF）なども「パッケージ化して」流通させる。さらにはその真正性をブロックチェーンで保証する。整備には手間がかかるが、たとえば、新種のタイプ標本

自然史系資料のデジタル公開と課題　99

や絶滅危惧種の標本などになら、こうしたアプローチも有用かもしれない。一般向けにはこの手法を用いて標本の価値や魅力を多角的に語るストーリーやムービー解説をつけることすらも可能だろう。デジタル拡張標本は研究者のためだけに限らない、科学業績の価値を一般にも広げるツールとなるポテンシャルを持つ。

このようなデジタル化した資料の活用は、ある部分博物館の活動にかかっている。デジタルな情報量がいかに豊富、多様であっても、市民一人ひとりの興味を喚起しなければ活用されることはない。どのように市民に提示し、使ってみたいと刺激できるか。スマホやPCの画面だけでの表現では、人々に自然の魅力を伝える力は、微々たるものではないか。博物館というリアル世界の中での展示空間体験を伴った場所をもっと活用できないだろうか。展示空間を、豊富なデジタル情報を探すための入り口、いわば学術世界への見出しのような存在にすることができるのではないだろうか。

デジタルという新たな資源を開発することで、自然史博物館がどのような発展が可能になるのか、しっかりと構想しておく必要がある。

註

1) https://icomjapan.org/journal/2023/01/16/p-3188/

2) Takano, A., Cole, T.C.H. & Konagai, H. 2024. A novel automated label data extraction and data base generation system from herbarium specimen images using OCR and NER. *Sci Rep* 14, 112. doi: 10.1038/s41598-023-50179-0

3) Harris K.M., Marsico T.D. 2017. Digitizing specimens in a small herbarium: A viable workflow for collections working with limited resources. *Appl Plant Sci.* 5(4): apps.1600125. doi: 10.3732/apps.1600125

4) Takano A, Horiuchi Y, Fujimoto Y, Aoki K, Hiromune Mitsuhashi, Takahashi A. 2019. Simple but long-lasting: A specimen imaging method applicable for small- and medium- sized herbaria. *PhytoKeys.* Feb 18; (118): pp.1-14. doi: 10.3897/phytokeys.118.29434

5) https://sketchfab.com/OMNH

6) Hardisty et al. 2022. Digital Extended Specimens: Enabling an Extensible Network of Biodiversity Data Records as Integrated Digital Objects on the Internet. *BioScience* 72: pp.978-987. doi: 10.1093/biosci/biac060

文化資源のデジタル化・公開手法の開発
立命館アート・リサーチセンターの運用と展開

矢野桂司 YANO Keiji　　立命館大学 教授
赤間 亮 AKAMA Ryo　　立命館大学 教授

1　文化資源デジタル化とポータルデータベース

(1) 資源デジタル化技術と海外デジタルアーカイブ

　博物館DXをめぐっては、あまり注目されていない点に、収蔵品の「デジタル化」がある。博物館の収蔵品は、デジタルファイルも存在していると思われるが、基本的にリアルな物品である。そのデジタル化は、大規模な博物館であれば、写真担当技師が雇用されている場合もあるが、外部委託するのが普通であろう。自館の写真担当技師であれば、従来からの業務の中での写真撮影であり、収蔵品全体を計画的にデジタル化するという展開は望めない。とすれば、収蔵品全体のデジタル化プランを立て、外部のデジタル化予算を獲得し、獲得できた時に初めてDXのスタートラインに立つという、"資金"を軸とした構図となる。博物館法が改正され、博物館DXが声高に叫ばれても変わることはないであろう。なにかの発想を変える必要がある。

　博物館が博物館である最大の根拠は、建物があるからではなく、そこに文化資源が収蔵されており、その収蔵品を活用して何らかの活動があるということである。博物館DXとは、収蔵品をデジタル環境の中で活用するということであり、デジタル化された収蔵品の

デジタルファクシミリはアプリオリに存在している必要がある。

立命館大学アート・リサーチセンター（ARC）は、この文化資源デジタル化を外部委託するのではなく、自身で開発・拡張してきた。技術を持つことで、デジタル化技術を持つスタッフ（学生・若手研究者・職員）を育成することができ、デジタル化機能をストラテジーとする研究が可能となって特徴ある活動を展開してきた。それは、「ARCモデル」（赤間2015）として、とくに海外で知られるところとなっている。

ARCでは、2002年以降、海外の博物館・美術館が所蔵する日本文化資源のデジタルアーカイブを重点的に行ってきている。2000年代に入って、民生用のデジタルカメラが普及し始め、フィルム撮影からデジタル撮影に移行することとなった。日本の博物館が、フィルム撮影にこだわり続けるなか、ARCでは文化財をデジタル撮影するノウハウを蓄積しながら、海外デジタルアーカイブを推進していった。最初の対象は、英国ロンドンにあるV&A博物館で、これまで実績のある浮世絵の撮影[1]からスタートした。それ以降、大英博物館などの英国内から、オランダ、ドイツ、チェコ、ドイツ、スイス、ギリシャというようにヨーロッパに展開し、日本コレクションを持つ主要な博物館の浮世絵・絵画や古典籍、一部の工芸品をターゲットにARCチームがデジタル化を進めてきた。その後、北米にも対象を広げ、ボストン美術館、メトロポリタン美術館、シカゴ美術館などで、大規模なコレクションのデジタル化を実施してきた。現在、海外でみられる日本のコレクションの多くは、ARCのデジタル化によって、オンライン上に姿を現したものである。

こうしたデジタル化の活動は、国内の自治体や大学の図書館・博物館・美術館でも展開しており、自治体では舞鶴市、赤穂市、尼崎市などでの実績、大学では、国立音楽大学、専修大学などへの協力を行ってきた。

これらの活動に従事してきたメンバーは、2016年からARCを
ベースとしたNPO法人デジタルアーカイブ研究所を立ち上げ
て、個別のデジタル化案件にも対応するようになり、そのNPOが
ARC中心となる2019年からの文部科学省・国際利用共同研究拠点
「日本文化資源デジタル・アーカイブ研究拠点」に登録する数多く
のプロジェクトのデジタル研究展開の基盤となっている。

（2）文化資源ポータルデータベースの運用

　ARCは、自館の文化資源も大量に保有するようになり、博物館
としても十分通用する相当数の収蔵品を保有しているが、他館の収
蔵品のデジタル化と公開にむしろ貢献してきた。特に海外アーカイ
ブは、他館の収蔵品であり、これを活用するための研究用データ
ベースを設計してきた。その特徴は、収蔵館別に切り分けて管理で
きること、収蔵館のコレクションデータベース（以下、「DB」という。）
と直接連携できることである。メタデータを管理するDBと、画像
や動画などのデジタルファクシミリに関するサーバーとを別におく
ことで、デジタルファクシミリが、オンライン上のどこにあろうと
デジタル資源を閲覧できるDBとなっている。

　例えば、大英博物館の収蔵品だけを閲覧できるDBがあり、こ
のDBにログインすると大英博物館の収蔵品データに対する編集権
限が得られる。一方、このデータを一般公開すれば、他館の公開
データと一緒に閲覧できる。この全体を見ることができるDBを、
ARCではポータルDBと呼んで2007年から運用している。この
仕組みにより、いまでは普通となった「クラウド型DB」として、
ARC以外の所蔵機関にも使ってもらえるようになっている。この
ポータルDBという考え方は、あまり理解されずに推移していた
が、同様の考え方で運用を開始したジャパンサーチを例に出すこと
で、理解してもらえるようになった。

文化資源のデジタル化・公開手法の開発 | 103

上述のように、このポータルDBは、DB内にコンテンツとして
のデジタルファクシミリを置く必要がないため、他のDBがIIIF
等のオープンリソースとしてリンク可能な仕組みで公開してある
と、ARCのポータルDBに取り込みが可能であり、独自のメタデー
タを成長させることができる。さらに他館のDBにはない、ARC
のデータベース群に加えられた便利な研究用ツールを、他館の収蔵
品にも適用できる。例えば、画像一部切出し機能 (ImageNote)、付
箋機能 (UserMemo)、くずし字解読支援機能などが他館の資源にも
使うことができる。

　ARCの場合、大学の研究所であり、単に自館の収蔵品の情報公
開の段階を超えて、広くweb上に展開されるデジタル文化資源を、
統合的に研究利用する段階にあり、今後、生成AIとの連携を強化
することでより強力なデジタル・ヒューマニティーズ環境を提供し
ていくことになるだろう。

(3) レファレンスDBとARCリサーチスペース

　自身のデジタル化、研究用資源DBの運用に加え、研究活動を
web上に展開することで日常的に生成していくレファレンス情報、
たとえば年表や人物情報などを蓄積するDB群を提供している。と
くに、歴史系研究には年表型情報を蓄積するDBが有効である。
ARCでは、従来から演劇の興行年表を構築してきたが、一般的な
歴史事項を記録する「年表記事DB」を公開してからその利用が増
大しており、開発からまだ4年で10万データを超えた。ARC側か
らデータを用意して閲覧してもらうという仕組みではなく、研究者
が自身の日常の研究活動の中で、蓄積してきているデータである。
こうして、デジタル・アーカイブの活動が、エコシステム型で展開
し、自動的にデータが増殖していく仕組みを持っており、これを
「ARCリサーチスペース」と呼んで国際共同利用・共同研究拠点で

第2章　博物館DXの実践と展開
Practice and Development of Museum DX

活用してもらっている。

2 歴史都市京都のデジタル・ミュージアム

(1) バーチャル京都

　立命館大学アート・リサーチセンターでは、2002-2006年度文部科学省21世紀COEプログラム「京都アート・エンタテインメント創成研究」において、歴史都市京都のあらゆる地理空間情報を網羅的に収集し、GIS上でそれらを自由に重ね合わせる仕組みとして、バーチャル京都を構築してきた。それは、最先端の3次元GISやVR技術を駆使した、時間次元を取り入れた4次元都市モデルと2次元WebGISをベースとしている（矢野ほか2007・2011）。

　まずは、三方を山に囲まれた京都盆地の都市空間の現在の3次元都市モデルを構築し[2]、昭和期、明治・大正期、江戸期、平安期それぞれの時代のものを構築した。その過程において、現在から過去の地図・絵図、風景画、古写真、古映像フィルム、古典籍など多種多様な地理空間情報を収集し、デジタルアーカイブを行い活用した。地理空間情報とは、空間上の特定の地点又は区域の位置を示す情報[3]、それらに関連付けられた情報からなる情報で、いわゆる情報の8割は地理空間情報といわれ、それらは地図上に配置することができ、さらに、GISを用いることで時空間上に重ね合わせて可視化することができる（図1）。

　バーチャル京都では、昭和初期に作成され、戦後の書き込みの見られた1,200分の1の京都市明細図、大正11年から戦後の昭和28年までの3,000分の1の京都市都市計画基本図、1,200分の1の大正元年京都地籍図などの大縮尺の地図をデジタル化して、ジオリファレンスによってGIS化し、それらを各時代の2次元地図のベースとした[4]。そして、江戸期は、京都大学附属図書館所蔵[5]の縮尺約1/1,368で御土居の内側を中心にかなり正確に描いた洛中絵図

文化資源のデジタル化・公開手法の開発　105

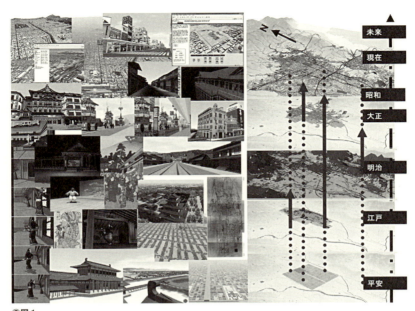

●図1
バーチャル京都の概念図

(1642年)をデジタル化・GIS化した。さらに、平安期に関しては、京都アスニー作成のヤマシロマップ、そして京都市埋蔵文化研究所の発掘調査報告などをGISに取り込んだ[6]。加えて、歴史都市京都の景観を構成する重要な要素の1つである京町家や近代建築に着目し、現存するそれらの建物を悉皆調査して、過去の京都の3次元都市モデル作成の基礎とした。

これら各時代のベースマップ上に、様々な有形・無形の文化資源を配置し、重ね合わすことで、それら文化資源を時空間的に結び付け、タイムトラベルを可能とすることを構想した。

ARCではすでに過去の京都の景観を記録する様々なデジタルアーカイブが構築されている。古写真では、京都学・歴彩館に寄贈された近藤豊写真資料、市民からの寄贈受けた市電の写真などの

データベースを構築し、それら1枚1枚の写真の撮影日と撮影対象の場所を特定し、地図上の点として配置した。古映像フィルムについても、昭和初期の祇園祭などを撮影したものや、昭和31年から京都市の市政ニュースのフィルムをデジタル化して公開している[7]。これらの映像コンテンツについても撮影場所を特定し、地図上に点として配置した。さらに、都名所百景（梅川東居ら）や京都名所之内（歌川広重）の京都の名所を描いた浮世絵の場所も地図上に可視化できる。

(2) 祇園祭デジタル・ミュージアム

バーチャル京都では、重要な無形の文化資源として、平安時代から現在まで続く祭礼である祇園祭を取り上げた。毎年7月に京都の街中で繰り広げられる祇園祭は、山鉾の巡行も含め、1,000年を超えて夏の京都の景観を構成する重要な祭礼で、2009年にUNESCOの世界無形文化遺産に登録された。

ARCでは、44ある山鉾の中で、前祭の巡行の殿（しんがり）をつとめる船鉾の（公）祇園祭船鉾保存会との連携のもと、網羅的に船鉾のデジタルアーカイブを行った。それは、2009年度から始まる最先端の情報技術を用いて文化を五感でインタラクティブ（対話的）に体験する統合システムの構築を目指した文部科学省のデジタル・ミュージアム事業の一環で行われたものである[8]。

船鉾の神功皇后を含む4つの御神体、部材（車輪を含む）、懸装品などのデジタル化、お囃子のデジタル収録、部材や懸装品など収納される町会所の蔵、町会所を含む新町通の通り景観などあらゆるものをデジタル化し、さらに山鉾巡行時の軌跡、振動、お囃子などの音声をデジタル化した。また、祇園祭と深く関連する京町家（船鉾町の長江家住宅など）に関してもデジタルアーカイブを実施した（佐藤・高木2017）。その後、後祭の八幡山、橋弁慶山、近年、休み鉾から復

興を果たした大船鉾、鷹山などの保存会とも連携しながら、その対象を拡大してきた。

　新型コロナウイルス感染症の拡大により、2020年と2021年の祇園祭は巡行が中止され、行事の多くが大幅に縮小された。そこでARCでは、これまで蓄積してきた文化資源のデジタルアーカイブの中で祇園祭に関連するもの約4千点をweb上で閲覧できる『祇園祭デジタル・ミュージアム』を公開した[9]（佐藤ほか2021）。

　そこでは、現在の地図や空中写真に44基の山鉾町、巡行経路、神輿渡御のルートの変遷などに加え、バーチャル京都で整備した京都市明細図や平安京オーバーレイマップなどの2次元地図、MAPCUBE[@]から作り込みを行った山鉾を含む詳細な通り景観の3次元モデルなどが含まれたWebGISによる祇園祭の祭礼空間を公開した。そして、これまでデジタルアーカイブしてきた祇園祭に関わる古写真、洛中洛外図屏風、浮世絵、古典籍、古映像フィルム、そして、屏風祭りなど祇園祭と密接に関わる京町家アーカイブ、デジタル・ミュージアム事業で作成した多くのデジタルコンテンツなどが地図上に配置され、web地図から参照できるwebサイトのシステムが構築された。ここではARCが開発し無償提供している、デジタルコンテンツを効果的に公開できるバーチャル・インスティテュートを用いた。2020年7月の1ヶ月で国内外から5千を超えるアクセス利用が見られた（図2）。

（3）WebGISによる可視化とデジタルミュージアムの公開

　バーチャル京都では、地理空間情報である古写真、フィルム、絵画資料などに、メタデータとして時空間的な位置（時期、場所、経緯度など）を付加し、過去の地図・空中写真や古地図、あるいは3次元都市モデルなどのバーチャル京都の基盤地図と対応させることで、京都のデジタル・ミュージアムが構築された。全く文脈や時代の異

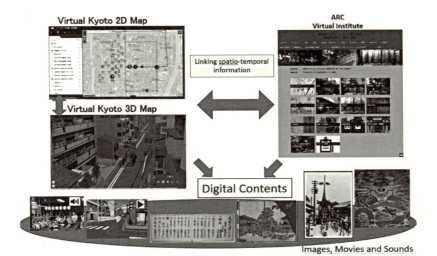

●図2
祇園祭デジタル・ミュージアムの構成

なる文化資源が、GIS を通して、バーチャル京都の時空間の中で可視化し、文化資源を重層的に関連付けることでデジタル・ミュージアムの公開が達成されたといえる。

註
1) これ以前に、早稲田大学演劇博物館や東京都立中央図書館が所蔵する浮世絵を対象に、フィルム撮影を行っており、それをデジタルスキャンし、web イメージデータベースに搭載して研究利用を実現していた。
2) 京都の3次元都市モデルに関しては、2002 年当時はキャドセンターを中心に作成された MAPCUBE® を用いた。現在は、国土交通省の3D 都市モデル PLATEAU を活用し始めた。
3) 『平成十九年法律第六十三号　地理空間情報活用推進基本法』2007 年施行 https://elaws.e-gov.go.jp/document?lawid=419AC1000000063_20150801_000000000000000)
4) 近代京都オーバーレイマップで一部公開 https://www.arc.ritsumei.ac.jp/archive01/theater/html/ModernKyoto/
5) 『寛永後萬治前洛中絵図』京都大学貴重資料デジタルアーカイブ https://rmda.kulib.kyoto-u.ac.jp/item/rb00000143#?c=0&m=0&s=0&cv=0&r=0&xywh=-43259%2C-1208%2C130516%2C24142
6) 平安京オーバーレイマップ・ヤマシロオーバーレイマップ https://www.arc.ritsumei.

ac.jp/archive01/theater/html/heian/switch/

平安京跡データベース https://heiankyoexcavationdb-rstgis.hub.arcgis.com/

7)　京都ニュース https://www.arc.ritsumei.ac.jp/lib/vm/kyotonews/

8)　デジタルミュージアムに関する研究会 2007『新しいデジタル文化の創造と発信（デジタルミュージアムに関する研究会報告書）』文部科学省 https://www.mext.go.jp/b_menu/shingi/chousa/sonota/002/toushin/07062707.htm

9)　祇園祭デジタル・ミュージアム 2021―バーチャルで楽しむ祇園祭― https://www.arc.ritsumei.ac.jp/lib/vm/gionfestivalDM/

引用・参考文献

赤間亮 2015「立命館大学アート・リサーチセンターの古典籍デジタル化：ARC 国際モデルについて」『情報の科学と技術』65-4、181-186 頁

佐藤弘隆・高木良枝 2017「京町家の所蔵品データベースと行事の継承：京都市有形文化財長江家住宅を事例に」『民俗建築』151.、9-17 頁

佐藤弘隆・武内樹治・今村聡・矢野桂司 2021「「祇園祭デジタル・ミュージアム 2020」の構築・公開について」『E-journal GEO』16-1、87-101 頁

武内樹治・今村聡・矢野桂司 2021「「平安京跡データベース」の利活用に向けた課題とその検証利用統計を見る」『アート・リサーチ』21、71-81 頁

矢野桂司・中谷友樹・磯田弦編 2007『バーチャル京都：京の"時空散歩"：過去・現在・未来への旅』ナカニシヤ出版

矢野桂司・中谷友樹・河角龍典・田中覚編 2011『京都の歴史 GIS』ナカニシヤ出版

博物館デジタルアーカイブと
ジャパンサーチでつくるエコシステム

 阿児雄之 AKO Takayuki　　　東京国立博物館

はじめに

　博物館 DX の適用場面は多数あるが、本稿では博物館が運用するデジタルアーカイブをジャパンサーチと連携させることによって生まれる効果に着目する。ジャパンサーチへの一方通行的なデータ提供ではなく、ジャパンサーチを含んで構成されるエコシステム（デジタルアーカイブ環境）が生まれている状況を紹介したい。

1　ジャパンサーチとデジタルアーカイブ

　ジャパンサーチは、博物館、美術館、図書館、地方公共団体等の機関と連携し、日本における様々な分野・地域におけるコンテンツのメタデータを検索・閲覧・活用できるプラットフォームである[1]。連携機関から提供されたコンテンツを検索・閲覧できるだけでなく、マイノートやマイギャラリーと呼ばれるキュレーション機能や、情報システム間の高度な連携を実現する Web API も有している。このプラットフォームと博物館が運用するデジタルアーカイブを連携させることで、デジタルアーカイブ単体では実現が困難であった博物館情報を取り巻く新たな環境が生まれている。異なる収録コンテンツや設立目的を持つ多くのデジタルアーカイブが、ジャ

パンサーチのようなプラットフォームを通じて相互に連携しあう様子は、一種の生態系（エコシステム）とも見做せる。その全容をここで述べることは到底叶わないが、ジャパンサーチとの関係性、特に「データ連携」と「機能活用」という視点でエコシステムの状況を見ていきたい。両視点のいずれにおいても関係性の異なる複数の例を案内するので、自館のデジタルアーカイブ環境に適したエコシステムの在り方を見つけていただければ幸いである。

2　ジャパンサーチとのデータ連携方法

まず、ひとつめの視点が、自館の所蔵資料情報とジャパンサーチとのデータ連携を実現する場面である。ジャパンサーチへの情報登録には、大きく３つの方式が存在する[2]。

①ファイルの手動アップロード

②ファイルのウェブ掲載（ジャパンサーチが HTTP にてファイル取得）

③ OAI-PMH

このうち、OAI-PMH を用いたシステム連携確立が最も情報技術的なコストが高く、日々の作業コストが低い。一方、ファイルの手動アップロードは、情報技術的コストが低く、人的な作業コストが高い。どの方式を選択するかは、各館の所蔵資料情報をどのように管理・提供しているかによって異なってくる。例えば、500 館／機関を超える博物館や美術館で採用されているクラウド型収蔵品管理システムである I.B.MUSEUM SaaS[3] には、ジャパンサーチ連携データを出力する機能が搭載されている。事前に収蔵品管理のデータ項目とジャパンサーチへの登録データ項目を対応づけておけば、ジャパンサーチ側が取得するデータファイルを容易に準備することができるので、「①ファイルの手動アップロード」もしくは「②ファイルのウェブ掲載」の方式にて、データ連携の仕組みを簡単に構築できる。また、I.B.MUSEUM SaaS は収蔵品の公開ウェブペー

ジ制作も可能なので、ジャパンサーチの検索結果から公開ウェブページへの誘導も実現できる。このような複数機関が利用するサービスモデルでは、ジャパンサーチとの連携機能開発も早期に実現している。一方、各館の状況に応じて独自に開発・カスタマイズした収蔵品管理システムやデジタルアーカイブシステムを用いている場合、そのシステムに新たにジャパンサーチとの「③ OAI-PMH」方式の連携機能を追加するのは、技術面や予算面で困難な場合もあろう。そうした場合においても、データファイルを出力して連携を図る方式は比較的導入の障壁が低いと考えられる。

　ColBase：国立文化財機構所蔵品統合システム[4] も、ジャパンサーチとの連携当初は「③ OAI-PMH」方式を採用していたが、2023 年 5 月から「②ファイルのウェブ掲載」方式に変更した。ColBase では、国立文化財機構の各施設の所蔵品約 14 万件の情報を収録している。所蔵品の種別や分類等で検索できるものの、その量から所蔵品の全体像を把握することは難しい。その為、所蔵品情報をまとめたデータセットを、TSV ファイル（タブ区切りテキストファイル）で利用者の方にダウンロードして活用いただけるように改修をおこなった。この改修を機に、「ジャパンサーチも ColBase を活用する利用者のひとりである」と捉え、このデータセットを取得してもらい情報更新するかたちに連携方式を変更した。それまではジャパンサーチをはじめとする諸サービスとのデータ連携のためだけに ColBase の機能を開発・改修していた部分もあったが、この改修ではデータ連携を維持しつつも広く誰もがデータ活用できる機能へと変化させることができた。これらの事例から「②ファイルのウェブ掲載」方式は、比較的情報技術面のコストも低く、なおかつ、情報システムとのデータ連携に限らない広いデータ提供にも展開できる優位性を持つ。もちろん、定期的な情報更新作業が可能であれば、「①ファイルの手動アップロード」は新規のデジタルアー

カイブシステム改修を必要としないため、ここから始めていくのも十分に効果が高いのは間違いない。

3　ジャパンサーチの機能活用

しかしながら、これらジャパンサーチとのデータ連携は決して簡単には実現できないものであろう。それでも、データ連携することで得られる、ジャパンサーチが有する機能活用の利点を知れば、連携実現の機運も高まってくのではないだろうか。その利点である機能活用のかたちは数多くあるが、ここでは次の3点を紹介する。

　A. 検索・発見チャンネルの拡大

　B. 横断検索の実現

　C. コンテンツと連動した広報・発信ウェブページの作成

機能活用とまでは言えないかも知れないが、「A. 検索・発見チャンネルの拡大」は、最も分かりやすいジャパンサーチとの連携効果であろう。ジャパンサーチは、2024年4月末時点で241データベース／148機関と連携しており、この連携の中に加わることができれば、自館所蔵資料の発見可能性が高まるのは言うまでもない。検索結果一覧に表示されるだけでなく、収録されているコンテンツの詳細ページには「関連するコンテンツ」がリコメンドされるようになっており、検索時条件とは別視点からのコンテンツ発見も可能となる。また、連携データベースならびに機関を紹介するページもジャパンサーチ内にあり、個々のコンテンツのみならず、データベースの特徴や機関の概要なども利用者に知っていただくことができる。

次の「B. 横断検索の実現」は、複数のデジタルアーカイブを有している自治体等の機関に注目していただきたい機能活用である。長野県上田市は、これまで数多くのデジタルアーカイブ事業を実施し、「上田市デジタルアーカイブポータルサイト」[5]にて、その

成果を集約・公開している。様々なテーマで制作されたウェブコンテンツは魅力的なものばかりである。しかし、これらウェブコンテンツ群を横断して検索できるようにしたいと考えた場合、上田市でシステムを開発し導入するには、少なくない予算と労力が必要である。しかし、上田市ではジャパンサーチと連携することによって、市内7施設が所蔵する資料の横断検索を容易に実現している。ジャパンサーチ内に上田市の紹介ページを制作し、そこで「上田市デジタルアーカイブ横断検索」[6]をおこなえるようにしている。さらに、

●図1
上田市における資料横断検索の実践例
（上がジャパンサーチ内、下が上田市デジタルアーカイブポータルサイト内での横断検索）

ジャパンサーチが提供する API を利用して、上田市デジタルアーカイブポータルサイトにも、資料横断検索を実装している（図1）。埼玉県や大阪府松原市も同様なかたちで横断検索を実現している。これらの事例で興味深いのは、検索対象が博物館だけではなく、図書館や公文書館なども含んでいる点である。各施設では、それぞれの館種業務に適した資料管理システムを運営し、検索・閲覧等に対応している。そのため、資料のメタデータ項目構成も異なり、横断検索システムを実現する際には項目構成の調整が障壁となる。しかし、各施設がジャパンサーチへのデータ連携項目を検討することで、一定の項目調整が図られ、その結果、横断検索も可能となる。ジャパンサーチの利点は、その横断検索機能を API やウェブパーツとして、自機関のウェブサイトに持ってくることができることである。その為、複数のデジタルアーカイブを有している機関は、横断検索機能の開発に注力するのではなく、本質的な所蔵資料のメタデータ項目調整やコンテンツ整備に注力することができる。

　そして、3つ目は、ギャラリー制作機能を活用した「C. コンテンツと連動した広報・発信ウェブページの作成」である。ジャパンサーチの連携機関は、様々なテーマで収録コンテンツを紹介するギャラリーを制作・公開することができる。ギャラリーのテーマは、人物や地域、文化・風習に留まらず、展覧会や所蔵コレクション紹介と多岐にわたる。特に、展覧会をテーマとしたギャラリーは、展覧会の広報として使えるだけではなく、展覧会中／展覧会後には、オンライン展示としての役割も果たすことができる（図2）[7]。ギャラリーの制作は、ジャパンサーチ上でおこなえるため、別途特別なソフトウェアを必要としない上、多様な見せ方を実現するパーツも準備されているので、直感的な制作と編集が可能である。また、ギャラリーを閲覧する利用者は、気になったコンテンツの詳細情報へも容易に遷移できるものとなっている。ギャラリーの構成

●図2
ジャパンサーチギャラリー
「学制150年記念オンライン展覧会」

データも、ウェブパーツ（HTMLスニペット）としてエクスポートすることができ、自館のウェブサイトに取り込み易い。

おわりに

ここまで、ジャパンサーチとの「データ連携」と「機能活用」について紹介してきた。いずれの視点も博物館が運営するデジタルアーカイブを単にジャパンサーチと接続するだけでなく、ジャパンサーチをも含んだ大きなエコシステムを作り上げるように、デジタルアーカイブを運用していることに気づいていただけたであろうか（図3）。収蔵品管理システムとデジタルアーカイブを分離することなく博物館業務の中で連動させ、ジャパンサーチとのデータ連携に留まることなく機能活用を視野にいれてのデータ連携を検討し、単独のデジタルアーカイブのみではなく複数のデジタルアーカイブをつなぎ運用する視点が大事である。ここで取り上げた事例は三者三様であるが、それこそが多くの機関にとって適用可能性が高いこと

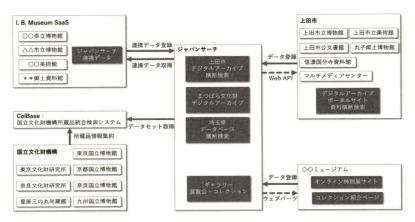

●図3
デジタルアーカイブとジャパンサーチでつくるエコシステム

を意味している。博物館デジタルアーカイブでしかできないこと、他のシステムやサービスができることを整理し、総体としての博物館デジタルアーカイブのエコシステムを確立できるよう検討を続けていただきたい。

註
1） ジャパンサーチ　https://jpsearch.go.jp/（accessed：2024年4月21日）
2） ジャパンサーチのメタデータ連携について
　　https://jpsearch.go.jp/static/pdf/cooperation/jps_manual_202010.pdf
　　（accessed：2024年4月21日）
3） I.B.MUSEUM SaaS　https://www.waseda.co.jp/products/saas
　　（accessed：2024年4月21日）
4） ColBase　https://colbase.nich.go.jp/（accessed：2024年4月21日）
5） 上田市デジタルアーカイブポータルサイト　https://museum.umic.jp/
　　（accessed：2024年4月21日）
6） 上田市－ジャパンサーチ　https://jpsearch.go.jp/organization/UedaUMIC
　　（accessed：2024年4月21日）
7） ギャラリー－ジャパンサーチ　https://jpsearch.go.jp/gallery/libnier-26A08qxdqz4
　　（accessed：2024年4月21日）

デジタルアーカイブで広がる寺社史料の可能性
菅公御神忌 1125 年半萬燈祭に際する『北野文叢』のデータベース公開

 西山　剛　NISHIYAMA Tsuyoshi　京都府京都文化博物館

はじめに

　北野天満宮では、祭神・菅原道真公が死去した後 50 年ごとに「大萬燈祭」、その間の 25 年ごとに「半萬燈祭」を行ってきたと伝えられており、この慣習は現在にも残っている。この祭事においては、社殿の大規模な修造ならびに境内整備を行うことが習わしとなっており、また数々の催事も行われる。しかし一方で忘れてはならないのは、天神信仰に厚い人々はこの年に多様な品々を天神に寄進していたことであり、そしてそれらのうちの幾つもが今なお神宝として伝来していることである（たとえば、『日本書紀』[北野本]、「紺紙金字般若心経」、「紺紙金字法華経開結共」など）。祭神の年忌であるこの年は、広い意味で信徒が神（神社）に対して文化的貢献を果たす時である、ともいえよう。

　さて、2027 年には 1125 年半萬燈祭が催行される。この令和の大祭に臨むにあたり、現代的な文化的貢献として何が相応しいか。ここではデジタルアーカイブというキーワードで事例報告を行いたい。

1　『北野文叢』の重要性—宗淵という人物—

　『北野文叢』100 巻（冊）は北野天満宮の歴史や文化、あるいは天

神信仰のあり方を研究していく上で欠かすことのできない根本資料群といえる。全体を遺文部・紀文部・抄文部・雑文部の四部に分類し、菅公の遺著をはじめ、国史・記録に散見するその事蹟はもちろん、縁起・系譜・年譜の類から、稗史・伝説・詩歌・俳諧に及ぶまで、祭神である菅原道真（以下、「菅公」という。）に関係する事項、および北野天満宮、天神信仰に関する事項が網羅されている。

　この大著をまとめたのは北野社の社家を出自とした宗淵という人物で、日本史上屈指の学僧であった。

　宗淵は北野の社僧光乗坊能桂の子として 1786（天明6）年 10 月 25 日に生まれ、幼名を正丸（佐太丸とも）と称した。1790（寛政2）年にわずか 5 歳にして宮仕に補せられ、1810（文化7）年 3 月に中臈に進み光乗坊を称した。ところがその直後に彼は出家し、その 2 年後には洛北大原の普賢院に入り、またその 3 年後には禁裏御懺法の会衆に列なり評価され、法印位にまで昇った。さらに 1818（文政元）年には、普賢院を辞し叡麓坂本の走井大師堂に隠棲し、同 10 年、伊勢国津の西来寺の住職として真阿と称し、その後、1859（安政6）年 8 月 27 日に同寺において 74 歳で死去した。

　人生の大半を僧侶として過ごした宗淵だが、伝教大師（最澄）と菅公への尊崇の念は篤く、天台教学の振興と天台声明の興隆をめざして膨大な典籍の書写収集と校訂に取り組むとともに、天神信仰に関する諸史料の収集と書写に熱意を燃やした。

　関東各地や九州大宰府など列島規模で天神信仰に関わる資史料を博捜・記録するこの事業は、文政の初年頃から 30 年にわたって続けられ、1852（嘉永元）年 5 月、宗淵が 67 歳のときまでに編纂され北野天満宮に奉納された。当然、この一大事業の背景には宗淵が北野社に生を受けたこと、また菅公の後裔という自負があったことは間違いない。

2 デジタル撮影の様子と内容紹介

(1) デジタル化の必要性

　天神信仰研究にとって決定的に重要なこの『北野文叢』だが、実は 1910（明治 43）年に國學院大学から『北野誌』（地巻・人巻）として翻刻・刊行されており、現在においても参照されることの多い重要な資料集として定着している。しかしながら、惜しむらくは本書編纂段階で『北野文叢』の記述を少なからず省略してしまった点である。とくに様々なバリエーションを持つ天神縁起のテキストを省略した点は、大きな問題であるといえよう。先述したように『北野文叢』は宗淵の驚異的な学究によって成った資料集であり、書写された書籍のいくつかは既に失われてしまったものもある。また、『北野誌』が書籍というメディアのため、版組を整えるため原文にあった改行情報の大半を捨象し文章を整えてしまっているところも問題である。とはいえ、このような一連の問題群は、既に研究者間においては共有されており、竹居明男は「「北野誌」所収本『北野文叢』備考」を編み、『北野文叢』の各巻の細目目次を作成して叢書の全体構成を把握し、今後の研究にとって欠かすことのできない重要な基礎的研究を提出している（竹居 1997）。

　このような状況を受け、今後さらに『北野文叢』研究を進めていくために必要なのは、現存する『北野文叢』自体をそのままの形でうつしとり発信していくことである。現代においては高精細デジタル画像の獲得と公開が最適であると考える。

●図 1
撮影の様子

(2) デジタル化の方法とその内容

2023（令和5）年2月、北野文化研究所に仮設撮影セットを組み、『北野文叢』100巻の全冊全丁撮影を実施した（図1）。

撮影作業は、北野天満宮の神宝撮影を手がける上杉遥氏に依頼し、3日間にわたって行われた。普段開かれることのない一冊一冊に対し、丹念にクリーニング作業を施しつつ撮影を実施し、カット数は合計4,797カットに及んだ。もちろん、この中には『北野誌』では省略された文献も含まれている。いまそれをここで列挙すると次の通りである。

① 『天神記　五条家所蔵本』（第13巻）
② 『荏柄天神縁起　群書類従本』（第14巻）
③ 『北野聖廟縁起 本宮内陣秘蔵本』（第16巻）
④ 『北野天神縁起絵 北野學堂本』（同）
⑤ 『天神之縁起 北野本殿所蔵本』（第17巻）
⑥ 『北野天神御縁起 梅椿坊藏本』（第18巻）
⑦ 『北野天神御縁起 一行坊藏本』（第19巻）
⑧ 『北野天神御記 東坊城家藏本』（第20巻）
⑨ 『北野縁起　北野本宮蔵本』（第21巻）
⑩ 『天満宮御縁起　下　曼殊院御堂本』（第24巻）
⑪ 『北野縁起上巻抄　梅恭坊蔵本』（第31巻）
⑫ 『北野縁起上巻抄　梅恭坊蔵本』（第32巻）
⑬ 『北野縁起中巻抄　梅恭坊蔵本』（第33巻）
⑭ 『北野縁起中巻抄之余　梅恭坊蔵本』（第34巻）
⑮ 『御縁起注　玉泉坊蔵本』（第35巻）
⑯ 『御縁起注之余　玉泉坊蔵本』（第36巻）
⑰ 『菅原氏系図　押小路家所蔵本』（第37巻）
⑱ 『菅原氏系図　鎌倉一乗院所蔵本』（第39巻）
⑲ 『菅原氏系図　所伝不明』（第39巻）
⑳ 『賀茂略　塙本』（第39巻）

これら 20 冊のうち重視したい点は、③『北野聖廟縁起　本宮内陣秘蔵本』（第 16 巻）、④『北野天神縁起絵　北野學堂本』（同）、⑤『天神之縁起　北野本殿所蔵本』（第 17 巻）、⑨『北野縁起　北野本宮蔵本』（第 21 巻）など、19 世紀段階には北野天満宮の境内にある複数の施設に各種の異なる天神縁起（あるいは絵巻）が存在し、またそのほかにも⑥『北野天神御縁起　梅椿坊蔵本』（第 18 巻）、⑦『北野天神御縁起　一行坊蔵本』（第 19 巻）、⑪〜⑬『北野縁起上巻抄　梅恭坊蔵本』（第 31〜33 巻）など宮仕が伝えたと思われる天神縁起が確認される点である。神殿の維持管理、神供の調進など神社内の実務を担う下級神職である宮仕は近世においては天神信仰の普及にも重要な役割を果たしていた。彼らが独自の天神縁起を伝えたことは信仰普及を図るために天神縁起を活用していたことを思わせ興味深い。

　これに関連し次の史料は注目に値する。

　　一、廿一日晴、能二入来、御縁記かし申事断ニ云、桑原殿御縁記借り申度由ニ御座候、遣シ可申哉之事也、能二所持之御縁記ハ六巻之とをり也、尤此度之入用者、仙洞様御用之由ニて、妙蔵院モかさる、由也、目代もかさる也、此目代ゟかさるルハ随珍本也、評ニ云、六巻御縁記、尤松梅院ニハ有之、外ニハ稀なるとをり也、依夫能二ゟ桑原殿へ断有之可然旨也、他見無之様ニと被申可然評也

（「記録」『北野天満宮史料　宮仕記録』続二 所収）

　1699（元禄 12）年、宮仕・能二が能倪のもとに訪れ北野天神縁起に関する報告をおこなった。公家の桑原長義が能二の所持する御縁起を借用したいと申し入れてきたがこれを断ったというのがその内容である。この依頼は、どうやら霊元上皇の望みであったようで、他に祠官・妙蔵院、さらに目代からも天神縁起を借用することとなっていた。しかし能二は自身が所持する天神縁起が六巻で構成された貴重な逸品であり、他見を避ける意味で長義からの依頼を断っ

た、と本史料では記されており、報告を受けた能侃もこの判断に共感していることが確認できる。

　この記述からは、17 世紀末期段階では、北野天満宮内部にある複数の縁起はときに外部へ貸与されたものであること、かつ個別縁起の書誌的な性格が神社内部で一定程度共有されていた事実を示していると言える。つまり天神縁起は神社内部で完全に秘匿される性質のものではなく、内外で読まれ活用される存在であったのだ。江戸時代における天神信仰の広域的な普及の背景には、このような信仰普及のテキストとして流通する縁起の存在を想定しておかなければならない。

3　活用の方向

　今回のデジタルアーカイブの取り組みで獲得されたデータ 4,700 余点は、既に神社内部において整理がなされ、順次翻刻に取り組んでいる段階である。また、これにあわせてデータベースの整備および公開も積極的に取り組んでいくことが必要である。『北野文叢』が秘めた価値は、世界中の多くの方々に利用され、学ばれる中で高まっていくものであり、このことは北野天満宮がかつてもっていた学術拠点としての意義が再発見されていくことと同義であるといえる。『北野文叢』のデジタルアーカイブ化とその公開は、令和 9 年御神忌千百二十五年半萬燈祭に際する文化事業として極めて有益なものになると考えている。

本研究は JSPS 科研費 22H04008 の助成を受けたものです。

引用・参考文献
真阿宗淵上人鑽仰会編 1958『天台学僧宗淵の研究』百華苑
竹内秀雄 1968『日本歴史叢書　天満宮』吉川弘文館
竹居明男 1997「「北野誌」所収本『北野文叢』備考」『国書逸文研究』第 30 号
竹居明男 2019「天神さんの百科事典を作った宗淵上人」『北野天満宮　信仰と名宝』思文閣出版

DX時代の資料・情報管理専門職とはどのような存在なのか

 岡崎　敦　OKAZAKI Atsushi　　九州大学 名誉教授

はじめに

　MLAに代表される資料・情報管理組織には、DX時代と称される現在、大きな変容とチャレンジが求められている。ここでは、本書の対象である博物館や考古学に加えて、図書館や文書館、さらには資料・情報管理に関係するすべての主体（政府、企業、市民社会、個人など）を念頭に、組織と社会に貢献する「資料・情報管理専門職」の新たなあり方について考えてみたい[1]。

　この際、特定の専門職のあり方は、彼らが働く組織や社会の要請と不可分に関係していることから、まずDX時代の資料・情報管理の変容について重要論点を整理した上で、専門職の養成について検討することとしたい。

1　DX時代の資料・情報管理

　いま、多くの重要な社会的変容が、データや情報の取り扱いをめぐって進行している。情報管理といえば、特定の権威ある資料管理機関（官庁、MLA）や情報産業（マスコミ、出版社、情報関連企業等）が、資料や情報を一元的に管理し、一般大衆へ配分するイメージで語られてきたが、インターネットとパーソナルデバイスの普及は、「ユー

ザー」による相互利活用の可能性を一挙に広げた。特に重要なのは、資料の現物や、評価、加工済みの構造化データだけではなく、多様で大量のデータ自体を、生成AIを含むユーザー自身が能動的に利活用する時代が到来していることである。このような状況のもと、不分明に氾濫する情報の性格を特定し、適切に維持・管理・提供できる仕掛けとそれを担う人材について根本的な再定義が必要である。ここでは3つの動向を整理したい。

　第一はオープンデータと呼ばれる動向で、DX時代には、多種多様で、場合によっては本来無関係なデータ・情報のリンクや統合が大きな革新を創出する。ことは、商業利潤追求だけではなく、政府をはじめとする官が保有するデータにもおよび、当然ながらMLAや研究・教育機関も例外ではない。社会の複合的な課題解決のためには、個々のデータ・情報を単に保存しているだけではなく、多様なデータ共有のためのプラットフォームの整備こそが重要であり、日本でもデジタルアーカイブなる動向が注目を集めている。他方で、情報管理は、単に技術の問題ではなく、社会制度の設計や運用の問題でもあるという認識が強まった結果として、リスクや人権保護、コンプライアンス遵守等のELSI的観点が関心を呼んでいる。事実、資料・情報のオープンな利活用のためには、資料・情報自体の信頼性、政治、社会、経済システム等の透明性の確保が必須である。ネット上のデータ・情報を自己学習して自動的に利活用する生成AIは言うに及ばず、オープンデータの前提には、資料・情報・データの「質」の保証が不可欠なのである。

　資料・情報の「質」保証という第二の論点において、従来はコンテンツの理解が重要とされてきたが、DX時代には前提自体が大きく揺らいでいる。資料・情報管理の対象が、「かけがえのない原本」などのモノから、資料や情報に関わる多様な主体やその関係（コンテクストとプロセス）へと変容しているのである（非物質化）。ここでは、

第2章　博物館DXの実践と展開
Practice and Development of Museum DX

アーカイブズに関する議論を簡単に紹介しよう。

　デジタル環境における情報管理では、古典的には唯一無二の究極的な保存の対象であったオリジナルをモノとして同定するより、資料・情報の真正性、信頼性、完全性、アクセス可能からなる「要件」のメタデータによる管理、つまり業務コンテクストとプロセス、手続きと責任権限の管理が重要となる。また、資料の生成の場から文書館へのモノの移管が意味を失うことから、作成段階から利活用、廃棄、永久保存までの全過程を統合した管理プログラム、制度の設計が、つまり現場で生み出された資料を事後的に取り扱うのではなく、業務管理と文書記録管理が統合された上で、ルールの事前決定とその厳正な運用管理が求められる。最後に標準化の要請で、作成や利用の関係者・機関間、および関連管理機関間という縦と横の双方にわたって、可能な限り標準化された形式、フォーマット、手続きにそうことが求められる。記録の作成者のみならず、未来を含む多様な関係者すべてを念頭においた上で、記録管理の全過程、全領域に責任を持って介入し、記録、データの質を保証する責務を果たす存在としてアーキビストが位置づけられる。

　以上のような動向は、博物館や図書館の世界においても、同様に看取されるように思われる。博物館界では、「文化財」についての名品主義や、保護制度の背後にあった国民国家形成の政治性、立場性が鋭く批判された一方で、現代アートやアール・ブリュットなどの動きを受けて、固定化した「作品」の展示を離れた、パフォーマンスや観衆の参加、さらには博物館という「場」の問い直し等の試みが多様に実践されてきた。考古学でも、発掘や調査の政治性（さらには、途上国の「開発」）という公共考古学の重要論点と、プロセス考古学の隆盛とは連動しているとも思われる。ここに見られるのは、資料・情報が生成する環境自体に加え、それらを事後的に操作する様々なからくりや力自体への関心の高まりであり、一部で提唱され

る「文化資源学」の発想とも共通する。図書館の世界においても、長らく続いた「テクストの近代」、すなわち、かけがえのないオリジナルとして、固有のタイトルと作者を持つ「作品」の保存という制度の歴史性が強調され、カルチュラル・スタディーズやメディア論の影響ともども「受容」への関心が強まった。とりわけ興味深いのは、近代的学問の先鞭をつけた文献学の変容である。「究極の決定版テクスト」確定とその提供を念頭に、資料や情報に関する重要な技法を開発してきたこの近代の技法において、少なくとも前近代テクストについては、通常自明とされるような定まったテクスト、さらには原本という観念自体が否定、あるいは相対化された。研究すべきは、版と把握される諸テクスト間の関係の総体であり、特定テクストに関するすべての痕跡が管理や研究の対象となりえるのだが、これは、現代の資料情報空間に似てはいないだろうか。

　同様な発想は、メタ情報の変容にも現れている。従来の書誌情報や目録記述では、「1つの資料、作品」と同定されたモノについて、定まった著者や作品名等などの情報を事後的に付加してきた。これに対して、図書館界およびアーカイブズ界において近年提唱されているメタデータ・モデルである「書誌情報の機能要件 Functional Requirements for Bibliographic Records（FRBR）」やその発展形としての「図書館参照モデル Library Reference Model（LRM）」、「資源記述とアクセス Resource Description and Access（RDA）」、さらに「コンテクストの中の記録 Records in Context（Ric）」等は、いわゆる「実体＝関係モデル」を採用し、主語と述語の関係の総体として、それらの関係のネットワークを記述しようとしている。この内 FRBR は、国際博物館会議国際ドキュメンテーション委員会の「概念参照モデル Conceptual Reference Model（CRM）」との間でも連携関係が進んでいる（FRBRoo）が、ここで共通に重要視されているのは、個々の資料・情報（オブジェクト）とともに、資料をめぐる

要素間の関係の記述であり、DX 時代の資料・情報の価値づけのあり方にふさわしい。

　最後に、現代の情報管理を特徴づける重要な問題として「公共性」の拡張、あるいは再定義をあげたい。資料・情報資源の利活用の拡大は、必然的に関係者の多様化、多元化をもたらし、「誰のものか＝当事者とは誰か」、「なにを根拠としてよそ者（研究や管理専門職も含む）は介入できるのか」などの問いが提起された。科学技術社会論（STS）等が長く議論してきたことと重なるこれらの問題群は、オープンデータと情報の質の管理という上述の問題の双方に深く関わっており、説明責任や関係者間の媒介コミュニケーション等の重要性を浮上させているが、ここでは、専門職との関係で、専門研究への市民参加、シティズン・サイエンスと呼ばれる動向について触れたい。一定の技術を有する大量の市民を動員して行われる巨大実験、調査プロジェクトがよく話題となるが、考古学調査や古文書読解など、人社系でも多様に展開されている。ここでの「研究者」とは、細かな作業実験、調査にこもる職人的存在ではなく、学界全体の動向を見晴らした上で問題と方法論を設定し、多様な関係者に対する社会的責任を念頭に、大きな観点から巨大な研究プロジェクトを差配する管理職に近い存在であり、そこで鍵となるのが情報管理であることは言うまでもない。

2　DX 時代の資料・情報管理専門職の養成

　それでは、それを担う専門職はどのように養成され、職務を担っていくことが求められるだろうか。

　近代社会における専門職は、教育と学位によって（＝能力によって）地位が選別、保証され、しばしば特定の職場を越えて、同一とみなされる職務を遂行する存在である。そこでは、特定の職務についての明確化された標準に対応する教育カリキュラムと資格が制度化さ

DX 時代の資料・情報管理専門職とはどのような存在なのか　　129

れる一方で、同一専門領域の内部が、教育＝学位レヴェルと能力の違いによって階層化される存在である。重要なのは、イノヴェーションの追求により発展してきた近代社会においては、著しい「専門分化」が必至で、専門職の絶えざる高度化が求められてきたことである。

　ところで、近代的な専門職制度は、欧米においても、20世紀末から動揺、流動化しつつある。産業構造自体の変化により、伝統的な職種、職務等が流動化するとともに、自明であった職域の境界が不明確化し、競合するようになったためである。他方で、特定専門領域の高度化は、特定職種、職務内部において、あらたな技術や能力の必要性を高め、個別専門領域の専門性の高度化が問題となっている。情報管理領域は、従来、コンテンツに詳しい人社系出身のキャリアと考えられてきたが、近年の情報化の推進は、高度な情報技術能力を必要とする一方、コンプライアンスやアカウンタビリティ等が喧伝されるなか、法学、行政学等の知見の重要性も説かれている。

　それでは、欧米では、DX時代の専門職は、どのように養成、キャリア形成されるのであろうか。ここでは、欧米のアーカイブズ界の状況を簡単にスケッチしたい。

　デジタル文書記録管理の国際共同研究InterPARESを率いているデュランチは、共同研究者とともに、専門職のあり方についても論じている。そこで情報管理専門職は、「記録と情報管理のあらゆる側面、つまり生成、利用、保持、処分および保存、およびレコードキーピングの法的、倫理的、財政的、行政管理、統治のコンテクストに通じている個人」と定義され、「オープン化とセキュリティのバランス、官僚制的アプローチとのバランス、責任の明確化と共有、異なる課題の調整、財源、データとメタデータの管理、データの信頼性・真正性・追跡可能性の保証、レコードキーピングや記録専門職に関する偏見への対抗」に邁進する存在である。その上で、

基礎的なコンピテンシー（能力）として「IT 言語の理解、デジタル・スキル、他の専門職との共同、事前対策、戦略的スキル、評価、ユーザーに関する知識、倫理および価値のガイドライン」に通じており、「規制に対応した説明責任、デジタル継続性・保存、データ・メタデータ管理、セキュリティ管理、記録資源管理の全体的戦略とフレームワーク、信頼できる第三者性、電子記録管理の標準化とシステム化、リスク管理・監査・透明性のファシリティ、デジタル業務フロー」の領域で貢献できるとする。

　ベルギーとカナダのアーキビストたちの集会でも専門職の再定義が課題となっている。ここでは、情報管理に対して提起される新しい問題系として、アーカイブズの非物質化、新たな責任を果たすための教育の再検討、アーキビストのアイデンティティ、情報社会における彼らの位置づけが列挙される。具体的には、今後この職務で特権視されるべきなのは何か（文化か、遺産か、管理か）、養成機関はどのような就職先、ニーズを念頭に置くべきか（雇用者、学生、専門職団体など）、専門職のあり方はなにか（事後対応か事前介入か、課題解決か提案か）、養成のあり方（包括的か個別か、レヴェル問題、生涯教育、外部との連携）、教育内容のバランス（科目設定、理論と実践、個別と一般、伝統と新たな要求）、養成機関同士の連携（海外も含む）などの問題が、他の隣接領域との関係で議論され、最終的に、管理職、コミュニケーター、そして組織のリーダーとしてのアーキビストが現在求められているとする。総じて、情報の即時的性格、ネットワーク重視、共有など、従来当然視されてきたコンテンツの専門的内容の閉鎖的な長期的保存とは異なる性格が強調される。その一方で、市民社会のなかでのアーキビストの責任と地位について、倫理綱領が持つ重要性は飛躍的に高まるという。以上の理論的、全般的考察を受けて、具体的な個別の資質、能力等が、階層ごとに体系的に配置される。

　以上を受けて、DX 時代の資料・情報管理専門職には、どのよう

な資質、能力が具体的に求められるか、最後に私見を述べたい。

　第一に、上位レヴェル、すなわち全体を差配する管理職的専門職の重要性である。そこで求められるのは、情報管理全般に関する理論的、包括的知見と、管理職としての能力であり、職場においては、組織の情報管理について政策立案・決定に中心的に関与し、その実施責任を担う。重要なのは、法制度やガイドライン、標準等の理解の上で、狭義の情報管理、つまり遵守すべき様々な原理原則（国際標準）を現場で具体的に実装させ、運用する能力である。重要なのは、どのような職種、職場においても（個別特定の現場でしか通用しない経験ではなく）、情報管理の全過程にわたって関与できることであり、それなくしては上位レヴェルの情報管理専門職とはみなされない。これに対して、下位レヴェルでは、情報技術、個別コンテンツ、法制度・合意形成、教育などに関する個別の知見や技術が重要で、それぞれの関係専門領域との連携、教育が構想される。最後は、社会との関係、公共性の理解である。科学技術社会論が、アカデミアが標榜する専門知は、そのままでは社会的責任とは合致しないことを論じてきたように（理論知と個別知との関係など）、どの領域であっても、社会のなかでの責任と倫理の自覚が求められる。

　教育のあり方については、資格教育に加えて、現場での訓練、継続展開の三種が想定される。このうち、継続教育の重要性を特に強調したい。専門職に求められる知識や技術の展開、発展のスピードは、特に情報管理領域においてはきわめて早く、ノウハウも早期に陳腐化するため、知識、技能を最新の動向にあわせてアップデートすることはきわめて重要であり、逆にいえば、それが、特定領域における専門家であることを保証しているともいえる。この意味で、社会の様々な現場で活躍する専門職のリカレント教育の重要性は高く、大学を始めとする正規教育機関への期待も大きいが、欧米で重要な役割を果たしているのが、専門職団体である。

第 2 章　博物館 DX の実践と展開
Practice and Development of Museum DX

おわりに

最後に、情報管理専門職の社会的認知には何が必要なのかという問題について思うところを述べて、結びとしたい。

第一に、特に日本社会における専門職、専門性自体の認知を進める必要がある。このことは、特に大学においてなされているという専門性のあり方自体にも関係し、専門性自体に関する議論と不可分である。専門性に関わる問題は、学問内部の省察という次元に加えて、社会との関係という公共的次元でも議論を深化させる必要がある。第二に、専門職が社会のさまざまな現場で、具体的にどのように貢献するのかという問題がある。ことは、専門職養成にあたっている教育機関のあり方にも当然関係する。最後に、日本の社会において、情報管理は独立、自立した専門領域として尊重されるためにまず必要なのは、学問としての自立と差別化であり、それは理論化によってしか果たされえない。ますます多くの若い研究者が、情報管理固有の領域に参入することが期待される所以である。

註

1) 本稿は、2010 年代なかばから続けてきた「資料と公共性」研究会の成果によるところが大きい。2014 年 12 月のシンポジウムと、2018 年度から 5 年間にわたって交付を受けた科学研究費の成果は、以下の書籍あるいは報告書で公開している。
九州史学会・公益財団法人史学会編 2015『過去を伝える、今を遺す』山川出版社
『資料と公共性　科学研究費助成研究成果年次報告書』
『2018 年度報告書』（キックオフ研究会、オープンデータと大学、学校資料ほか）
https://doi.org/10.15017/2230688
『2019 年度報告書』（公共歴史学、公共考古学、アーキビスト養成、学校所在資料）
https://doi.org/10.15017/2557155
『2021 年度報告書』（遠隔歴史教育、公共史、情報管理専門機関・専門職養成）
https://doi.org/10.15017/4772780
『2023 年度報告書』（総括研究会、情報管理専門職養成）
https://doi.org/10.15017/6770679

参考文献

岡崎敦 2014「レコードキーピング時代の情報管理専門職人材養成について」『九州大学附属図書館研究開発室年報』18-24 頁　https://doi.org/10.15017/1470697

岡崎敦 2018「情報管理専門職の人材養成問題：職務標準、メタ情報標準の動向からみるアーキビストのミッション」『同上』1-7 頁　https://doi.org/10.15017/1935823

岡崎敦 2019「「資料と公共性」―問題の所在と議論の背景―」『21 世紀倫理創成研究』12、42-51 頁　http://www.lit.kobe-u.ac.jp/mst/pdf/29th.pdf

岡崎敦 2020「デジタル時代のアーカイブズ学と文書学」『クリオ』34、119-125 頁　https://doi.org/10.15083/00079645

岡崎敦 2022「DX 時代の公文書管理―『デジタル WG 報告書』に寄せて―」『アーカイブズ学研究』37、33-46 頁

岡崎敦 2023「趣旨説明」『シンポジウム　DX 時代の情報管理と人材養成―ライブラリーサイエンス専攻の挑戦』九州大学、9-15 頁　https://doi.org/10.15017/6776447

小熊英二 2019『日本社会のしくみ』講談社現代新書

橋本鉱市編 2009『専門職の日本的構造』玉川大学出版部

橋本鉱市編 2015『専門職の報酬と職域』玉川大学出版部

濱口桂一郎 2009『新しい労働社会』岩波新書

濱口桂一郎 2021『ジョブ型雇用社会とは何か』岩波新書

村上陽一郎編 2022『「専門家」とは誰か』晶文社

吉田文編 2020『文系大学院をめぐるトリレンマ』玉川大学出版部

和中幹雄 2020「IFLA Library Reference Model（IFLA LRM）訳解」『図書館界』72-2、60-6　https://www.jstage.jst.go.jp/article/toshokankai/72/2/72_60/_pdf/-char/ja

DURANTI, L., 2007. "Models of Archival Education: Four, Two, One or a Thousand?", in *Archives & Social Studies: A Journal of Interdisciplinary Research*, 1, pp.1-21.

DURANTI, L., ed., 2019. *Trusting Records in the Cloud*, London.

GARNON-ARQUIN, L. and LAJEUNESSE, M., ed., 2015. *Panorama de l'archivistique contemporaine : évolution de la discipline et de la profession : mélanges offerts à Carol Couture*, Québec.

SERVAIS, P. et F. MIRGUET, éd., 2015. *Archivistes de 2030. Réflexions prospectives*, Louvain-la-Neuve.

第 3 章

最新の DX 技術

The Latest DX Technique

Volumetric Video
無形文化財のアーカイブとその活用

 中川源洋

NAKAGAWA Yoshihiro

株式会社ニコン
映像ソリューション推進室

問い合わせ先：3d.Info@nikon.com

　無形文化財の記録は、動画映像を用いられることが一般的である。動画であれば、人間の動きに加えて、道具や装束、音声の記録も同時に記録できる利点もある。ただし記録の際の記録者の視点が色濃く記録に影響を与えるため、記録の目的を明確にする必要がある。東京文化財研究所[1]によれば、記録目的には「記録保存」「広報・普及」「伝承・後継者育成」があり、記録製作の折に、その主たる目的を決定する必要があるとしている。逆説的に言えば、目的ごとの映像記録が必要になるため、活動資金に制約がある無形文化財保存の領域において、記録そのものが進まないことが起きている。

　可搬型システムによる文化財の記録　近年、空間そのものを動的に記録できるVolumetric videoという技術の活用が始まった。本技術により生成されたデータは、編集や鑑賞の段階で視点や画角を自由に変更できるため、記録の段階で活用の目的を限定する必要がなく、無形文化財の記録に適しているといえる。筆者らは、専用のスタジオでの撮影が一般的であったシステムを改良し、可搬性を高めた取得システムを開発し、無形文化財の記録を開始した。可搬型システムを用いれば、実際に芸能が継承されている現地での記録が可能である。そのシステムを用いて全国の文化財の記録を始めたところである。2023年11月には山形県で継承されている田植え踊りを記録した。本記録は山形市西山形柏倉田植踊保存会と白鷹町畔藤田植踊保存会の協力を受けた。それぞれの地域の公民館やコミュニティーセンターで撮影し、相違点、類似点を比較している。地理的に比較的距離が近く、同一の演目であっても、それぞれの保存会によって特徴が異なっている。撮影の様子と、取得データを同一空間に配置し、比較している画像を図1に示す。

取得したデータの活用事例　データの活用は記録保存のために限定されるものではない。例えば、八王子市教育委員会・八王子車人形西川古柳座と実施した事例では、小学校での体験授業で活用した。芸能者の直接指導を補完する目的で活用され、伝承・後継者育成が目的となっている。岩手県の事例では、広報・普及を主目的とした。岩手県内の達古袋神楽を記録し、その記録データをベースに体験ゲームに活用したものである[2]。本事例では、外国人観光客を含めて体験いただいた。

各事例のように、可搬型 Volumetric Video システムは、それぞれの現地での撮影が可能であるため、無形文化財の記録に適している。また従来の動画映像では難しかった複数の目的に利用できるデータの取得が可能である。今後は、同様の事例を蓄積していく予定である。

●図1
Volumetric Video を用いた
田植え踊りの記録

註
1) 東京文化財研究所無形文化遺産部 2008『無形民俗文化財映像記録作成の手引き』
2) 中川源洋 2019「民俗芸能 3D データアーカイブの活用による継承支援」『デジタルアーカイブ学会誌』vol.3、No.3、103-106 頁

赤外線カメラ【IR システム】
8,000 万画素の高精細な赤外線画像

宮田正人
MIYATA Masato

OM デジタル
ソリューションズ株式会社

問い合わせ先：biz-info@om-digitalsolutions.com
URL：https://biz.om-digitalsolutions.com/products/316.html#page_navi_top

これまでの赤外線カメラの課題　赤外線は、墨などの主成分である炭素に吸収されることから、視認しにくい木簡の墨書調査など非破壊調査の手段として有効である。一方で赤外線は可視光線と比較して波長が長いため、理論的にイメージセンサー上に結像する最小スポット径が大きくなり、撮影した画像の鮮鋭度が低下してしまうという課題がある。高精細な赤外線画像を得るために大面積・高画素のイメージセンサーを搭載した赤外線カメラも存在しているが、大面積・高画素のイメージセンサーほど高額になるため、赤外線カメラを用いた調査を普及させる障壁の一つとなっている。

8,000 万画素の高精細な赤外線画像が得られる赤外線カメラ　OM デジタルソリューションズは、上記の課題を解決できる、安価な赤外線カメラ【IR システム】（図1）を 2023 年 6 月に発売した。【IR システム】は小型軽量の一眼カメラ OM-D をベースにすることで、大掛かりな機材での撮影が難しい狭小空間などでの調査・撮影にも最適な赤外線カメラである。さらに、一眼カメラ OM-D の特長であるコンピューテーショナルフォトグラフィを搭載している。その一つである"三脚ハイレゾショット"は、イメージセンサーを僅かにシフト

●図1
【IR システム】

●図2
撮影風景

させて8回撮影を行い、カメラの中で8,000万画素の高精細な画像を生成する機能である（図3）。

ランダムノイズの軽減効果もあり、赤外線撮影で課題となるディテールの低下を補うことができる。図4に撮影結果の比較を示す。"三脚ハイレゾショット"の効果を解りやすくするため、中心部分を拡大表示している。"2,000万画素の可視光線撮影"に対して、"2,000万画素の赤外線撮影"は、波長が長くなる影響で、鮮鋭度が低下しているが、"三脚ハイレゾショット"を用いることで、鮮鋭度が大幅に向上していることが解る。

このように【IRシステム】は2,000万画素イメージセンサー搭載の赤外線カメラの価格で、8,000万画素＝高画素イメージセンサー搭載の赤外線カメラと同等の高精細な赤外線撮影ができるハイコストパフォーマンスな赤外線カメラと言える。

おわりに 赤外線撮影は、撮影してみないと赤外線で視認できるようになるのか否かが解らない。であれば、数多くの資料を赤外線で撮影できるようにすることが重要である。OMデジタルソリューションズは、ハイコストパフォーマンスな【IRシステム】を提供することで、赤外線カメラを用いた調査を広く普及させ、新たな発見に貢献していく所存である。

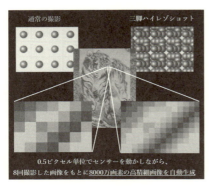

●図3
三脚ハイレゾショット

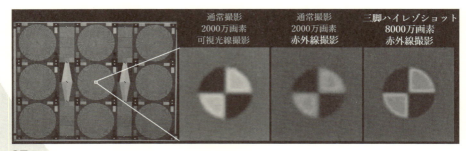

●図4
三脚ハイレゾショットを用いた撮影効果

点群データ活用ソフト InfiPoints
3D立体視ディスプレイがもたらす新たな展示体験

中川大輔
NAKAGAWA Daisuke

株式会社エリジオン
プロダクトマーケティング
問い合わせ先：InfiPoints@elysium.co.jp
URL：https://infipoints.elysium-global.com/

文化財DXの目的 「研究対象として大切にしまい込んでおくのではなく、貴重な文化財をなるべく公なものとして公開し、広く知ってもらい、多くの人に楽しんでもらう、そして好きになってもらう。」文化財を長く守っていくためには、それが最も大切なことだということを異口同音に聞かされてきた。デジタル化は文化財を棄損させることも劣化させることもない上に、遠く離れている場所からもアクセスできるようになることから、この考え方に親和性が高いといえるだろう。建物などの大型の構造物の場合であっても、3Dスキャナなどの道具さえあれば、測量などの専門知識や特別な技能、経験がなくても、比較的短時間の作業で3次元のデジタルデータを取得することができようになった。3Dスキャナで取得した旧日本銀行京都支店（現京都文化博物館別館）の点群データを来館者にVR機器で体験してもらう展示に挑戦したのが2018年の夏である。非公開となっている場所に関しても、実際にその場にいるかのような体験ができるようになった。文化財の3Dデータは一般的になってきたが、その活用に関してはまだ道半ばであると考えている。文化財のデジタル化はあくまでも手段であり、その目的は文化財の活用である。今回は文化財の点群データを活用について、弊社が自社開発しているソフトウェア「InfiPoints」で実現した方法について解説する。

3Dデータがあるからこそできる展示 3Dの情報を3Dのまま来館者に届けられないかと考え、裸眼で3D体験ができるという「空間再現ディスプレイ」に着目した。見ている人の視線に応じた角度に見え方を調整してディスプレイに3Dデータを映し出す。しゃがみ込んで低い視線からディスプレイを覗

けば、真横から奥行きが深くなった状態で見ることができ、ディスプレイを右側から見ると建物の場合は左の壁が見えてきたりする。立体模型をのぞいているのと同じ体験ができるだけでなく、ゲームコントローラーを使ってズームしたり好きなアングルから見たりすることも可能である。

ヘッドマウントディスプレイとの違い　自分がバーチャル空間の中に入り込む、というような没入感が得られるヘッドマウントディスプレイに対して、空間再現ディスプレイは物体が目の前に浮かび上がってくるようなジオラマ感が非常に強い。ヘッドマウントディスプレイを利用する展示では、機器の着脱の際に係員のサポートが必要となるほか、感染症対策が必要である。特別な機器を装着せずに裸眼で気軽に体験できることが、展示における空間再現ディスプレイの大きな優位性であると言えよう。

詳細な 3D データがあるからこそできる解説　博物館ではポスターによる展示や大型スクリーンに 2D 映像を投影したりする方法が一般的であるが、3D データがあれば断面を自由な位置で表現することができるようになる。例えば 2m の高さに断面を設定し、それより上の部分を非表示状態にするだけで、建物の場合は屋根や天井を外した状態を表現できるため、全体のレイアウトが分かりやすく、部屋同士の相関関係も理解しやすくなる。さらに 3D データを動かしながらキャプションや補足画像を載せた動画を作成することで、実際にその場所に足を運び、体験する以上の空間的な理解を可能にする。現地に赴いたことのある方はその記憶が鮮明に蘇り、未体験の方は実物を実際に見てみたいという思いがより強くなるだろう。

バーチャルプラットフォームにおける 3D データの活用　NTT が提供している DOOR[1] という仕組みを利用すれば、スマートフォンなどの web ブラウザを介して、文化財のメタバース空間に複数人で同時に入ることができる。行ってみたい文化財はもちろんのこと、過去に訪問したことのある文化財の 3D 空間が自宅や外出先から簡単に追体験できるようになる。文化財を知り、楽しむためには非常に有効な方法であろう。

	ヘッドマウントディスプレイ (Meta Quest, HTC VIVE 他)	空間再現ディスプレイ (SONY 他)	備考
専用のメガネ・ゴーグルの試着	必要	不要	
機器を着脱する際の補助	必要 *	不要	＊機材保護の面でも補助する係員は必要
感染症対策	頭部に装着するため機器の消毒が必要	ゲームコントローラーを使用する場合は必要（使用後の手の消毒でも可）	
年齢制限	あり *	なし	＊目や脳への影響があるといわれており、7歳未満は禁止されることが多い
価格（端末）	5 万円〜	30 万円〜	空間ディスプレイは別途 PC が必要

●図1
ヘッドマウントディスプレイと空間ディスプレイの比較

註

1) DOOR by NTTXR https://door.ntt/

引用・参考文献

村野正景 2022「ソーシャル・キャピタルと博物館―ウイズ・コロナ時代の社会貢献を目指して―」『資料と公共性：2022 年度研究成果年次報告書』九州大学学術情報リポジトリ

エリジオン 2019『3D 計測・VR を利用した文化財における新たな研究・展示手法』https://infipoints.elysium-global.com/case-study/bunpaku

エリジオン 2023『続・3D 計測を利用した文化財における新たな研究・展示手法』https://infipoints.elysium-global.com/case-study/bunpaku-urakusai

メタバース相談室 2023『子供は VR で遊んでいい？年齢制限がある理由や考えられるリスク、安心して楽しむ方法を紹介』https://xrcloud.jp/blog/articles/business/7588/

3Dスキャンアプリ Scaniverse

AR体験へつながる3Dモデルの可能性

白石淳二
SHIRAISHI Junji

Niantic
問い合わせ先：hi@scaniverse.com
URL：https://scaniverse.com/
X：@Scaniverse

　まずはじめに、3Dスキャンアプリである「Scaniverse」（https://scaniverse.com/）が多くの方に利用されていることに、微力ながらも普及活動に関わってきた者として大変嬉しく思う。私が所属するNianticは『ポケモンGO』を始めとする複数のAR/位置情報ゲームを開発・運営する一方で、ゲームを通して培ったAR技術を多くの方が活用できるよう各種ツールを提供しており、Scaniverseは、その1つにあたる。国別に比較してもScaniverseの日本国内の利活用は目立っており、理由としては、日本におけるiPhoneの高い普及率と、技術に対する積極的な受容姿勢の存在、また積極的にその知見を共通しあうコミュニティの存在が背景にあると考えている。

　スマホで3Dモデルを手軽にスキャン　Scaniverseは、スマートフォンだけで現実世界を高品質な3Dモデルとしてデジタル化を可能とするアプリケーションである。写真や動画を撮るような手軽さで、物体や場所の3Dモデルを簡単に"キャプチャ"し、計測、編集、共有、データ出力など豊富な機能が備わっている。もともとは、開発者でもあるKeith Ito氏が設立したToolBox AI社によって開発され、2021年1月にiPhone/iPad向けにリリースさた。同年8月にはNianticに加わることをきっかけに全ての機能が無料で利用可能となり、また、Nianticが持っていたスキャン技術も融合することで、LiDARが搭載されていないiPhone/iPadでも利用が可能となり、さらには2024年5月には、Android端末でもScaniverseの利用が可能となった。3Dスキャンの手法もLiDAR、フォトグラメトリ、Gaussian Splatting（ガウス・スプラッティング）に対応しているため、対象物の大きさや特徴に応じて使い分けが可能だ。そしてそれら全ての機能をスマートフォン端末で完結

できるため、インターネットが利用できない環境でも活用可能である。

　もちろん、高精細な3Dスキャンを撮る方法は他にも多く存在している。測量で使うような専門的なLiDAR機器であったり、連続した写真をWebにアップロードすることで3Dモデルを作成するサービスも存在している。一方で、Scaniverseは、世界中のすべての人々が世界をキャプチャして3Dコンテンツを作成、共有したくなるようにしたいという目的から、現在最も普及しているデジタル機器であるスマートフォン向けに、また専門的な知識がなくとも操作できるユーザー体験に力を注いでいる。その手軽さから、多くの人によって様々な目的で3Dスキャンが行われている。日々の食事、子供の成長、お気に入りのスニーカーなど、写真撮影の延長で3Dスキャンを行い保存・共有を楽しむ方々もいれば、建築、建設、考古学、XR開発、都市計画、フィルミングなど、専門的な業務においても、3Dデータの特性を意識した利用も広がりつつある。

　博物館資料への活用　本書籍の主題でもある博物館DXにおいても、Scaniverseが貢献できることは多くあると考える。以前、発掘された縄文土器を3Dスキャンする機会を頂いたことがあり、数千年も前の遺物を目の前にして興奮を覚えたが、それ以上に驚いたことは、同じような土器が博物館等には数多く保管されており、展示されるものはそのほんの一部であると聞いた。もちろんすでに3Dスキャンされている貴重な文化財も多くあるだ

●図1
Scaniverseによるスキャン手順

3DスキャンアプリScaniverse　｜　145

ろうが、そうでない文化財がどれだけあるのか。今後より 3D スキャンが行われデジタルデータとして流通が促されれば、研究目的はもちろん、一般の方々にブラウザ、AR、VR という表現方法で今まで以上に過去を身近に楽しむことができるのではないかと期待が膨らむ。さらには遺跡・遺構の発掘段階から 3D スキャンを行うことで、発掘調査の過程の記録と発掘された遺物の紐付けも、他デジタル技術も活用することで簡易になるのではないかと想像する。

3D モデルから AR 体験の構築へ　Scaniverse を通して、現実世界の物体や場所の 3D モデルが増えていくことは、現実世界とデジタル世界を融合させる AR の発展にとっても重要なマイルストーンである。より多くの 3D モデルが生み出されることにより、それら 3D 化されたデジタル情報を効率的に管理・表現・共有する仕組みが求められてくる。その仕組みの 1 つが AR だと考える。これらの課題を解決するために、当社では、ゲームエンジンである Unity 向けの「ARDK」と、Web ブラウザ向けの「8th Wall」という開発者の目的に合わせた AR 開発のためのツールを提供し、開発者が効率的に AR 体験を構築できるように支援している。また AR 体験の精度と有用性を向上させるため、Visual Positioning System（VPS）と呼ばれる位置情報技術に力をいれている。これは、カメラ画像から周囲の環境を認識し、その情報をもとにデバイスの正確な位置と向きを特定できる技術である。Scaniverse で取得された屋外の 3D モデルが VPS のソース情報になることや、反対に VPS を利用することで、Scaniverse でスキャンする対象物の位置をより正確に把握することも可能になるだろう。

この先、発展が目覚ましい AI や機械学習の技術も AR と 3D スキャンには恩恵をもたらすことは間違いなく、Scaniverse のような 3D スキャンツールで様々な物・場所の 3D モデルが蓄積され、それらが AR 技術を用いて現実世界にシームレスに融合させていくことで、博物館 DX はもちろん、多分野に貢献できることを目指したい。

ニコン Z8・Z6 Ⅲ・Zf による ピクセルシフトと HDR 撮影
高解像度一辺倒から＋高演色・高質感描写への展開

片山　響
KATAYAMA Hibiki

堀内保彦
HORIUCHI Yasuhiko

株式会社ニコン
NPO 法人フィールド

問い合わせ先：Hibiki.Katayama@nikon.com

URL：https://www.nikon-image.com/products/mirrorless/

　文化財の写真については高解像度化が大きな関心を集めていたが、数億画素のデータがコンシューマカメラで撮影可能になったことから、高画素＝高画質という考えが通用しない状況も出てきた。そこで質感表現をいかに向上させるかを中心に、文化財の新しい写真技法について述べる。今回は対象をより正しく記録することができ、かつ高解像度化も可能なピクセルシフト、より高い質感表現が出来る HDR 静止画について紹介する。

　ピクセルシフトとは　センサーを1画素単位でずらして撮影することにより、センサーの画素配列に起因して発生する「偽色」や「モアレ」を解消する機能である。大部分のカメラに採用されている画像センサーはベイヤー配列という画素配列をしており、1画素につき R,G,B の何れかの情報を取得することしか出来ない。ピクセルシフトはこれらの弊害を無くす技術で、撮影枚数を増やせば高解像度化を行うことも可能である。これにより同じ1画素でもより質の高い記録が可能になる。

　HDR 静止画とは　ディスプレイモニターの進歩に併せた新しい静止画フォーマットである。従来の静止画よりも、広い色域と階調を持つことが出来る為、より現実に近い〔色、眩しさ、滑らかさ等〕で表示することが出来る。対応ディスプ

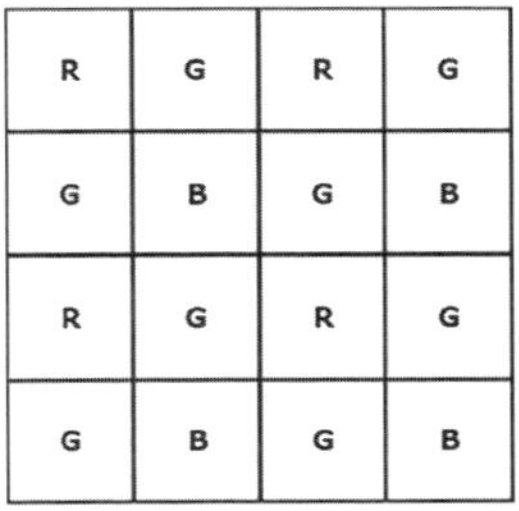

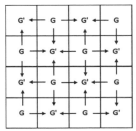

●図1
左図：ベイヤー配列の模式図
(1画素の上に R,G,B の何れかのカラーフィルターが規則的に配置されている)

●図2
ベイヤー配列の補間模式図
(上下左右の G の値を基に G' を補間する (※補間アルゴリズムに依る))

147

レイモニターが必要ではあるが、そのようなディスプレイモニターはスマートフォン・TV・PC でも広く採用されつつあることから、今後は大きな問題とはならないであろう。また HDR ではなくなるが、従来通りの紙印刷やプリント用紙に対応したデータにも簡単に変換可能である。

記録手段による使い分け　ピクセルシフトや HDR 静止画によって、高解像度だけでは無く同じ画素数でも画質や質感をより高めることが可能になってきた。写真、動画、3D、それぞれの長所を活かし、適切な記録手段を使い分けることが重要である。

なお、2024 年 1 月時点では、ピクセルシフトと HDR 静止画の併用動作が可能なのはニコンのミラーレス一眼カメラ Z8、Z6 Ⅲ、Zf のみである。

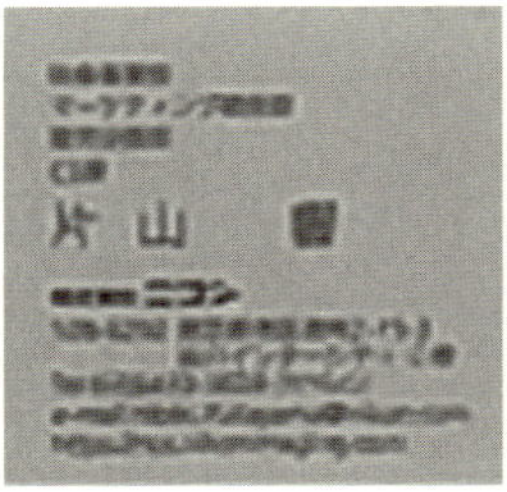

●図3
通常の撮影
（名刺の部分を撮影した例）

●図4
ピクセルシフト機能を使用した
場合（全く同じセンサー、レンズ、撮影条件でもこれだけの差が出る）

	写真（静止画）	動　画	3D
質感 （HDR）	○	○	?
画質 （1 枚 /1 視点辺り の画質）	○ 複数枚の画像を合成することが可能。最も高画質にすることが可能。	△ 基本的にコーデックの影響を受けて画質が低下する。	○ 静止画のフル解像度をテクスチャとして活用するのは難しく画質がやや劣る。
保存性 （アナログな物としての 残しやすさ）	○ 紙等に印刷可能。最も普及している保存方法。視覚的な情報の形で記録が可能。	× 現在では基本的にデジタルデータとしてメディアに記録するしか無い。視覚的な情報の形で記録することが難しい。	△ 3D プリント等が可能。紙よりも圧倒的にコストがかかり、3D プリント出来る場所も限られる。視覚的な形で記録が可能。
普及度 （デジタル / アナログで の扱いやすさ）	○ デジタル / アナログ共に最も普及している。	△ デジタルとしては広く普及しており扱いやすいが、アナログな物としてはほとんど普及していない。	△ デジタルとしては Web 上等でも比較的手軽に扱えるが写真や動画に劣る。3D プリントも未だ普及途上。
時間 （制作 / 情報の受取 にかかる時間）	○ 制作にかかる時間、視聴にかかる時間が共に少ない。	× 制作に時間がかかり、視聴にも時間がかかる（視聴時間の融通が利かない）。	△ 写真と比較して制作にも視聴にも時間がかかるが、視聴者が主体的に見ることが可能（視聴時間の融通が利く）。

●図5
メディア形式によるピクセルシフトの特徴

広域・景観フォトグラメトリ
ランドスケープの再現

 嘉本　聡
KAMOTO Satoru

スタジオダックビル合同会社

問い合わせ先：contact@studioduckbill.jp
URL：https://www.studioduckbill.jp/

　城跡やジオパークなど地理的に広大で多様なランドスケープを含む景観全体を写真撮影し、まとめて解析すると広域・景観フォトグラメトリを作成することができる。これまで博物館などで活用されているジオラマや立体地図に加え、広域3Dスキャンは数値標高モデル（DEM）やオルソ画像作成が主目的の場合が多いが、景観をフォトリアルに再現した3Dモデルであれば計測用途、デジタルアーカイブのみならず、XRコンテンツ、文化財観光プロモーション動画等の多方面に活用が可能である。

　撮影・3Dスキャン手法　広域を隈なく高精細に3D化するには多視点からの大量のデータが必要となる。ドローンの空撮写真がメインとなるが、空中からでは撮影できない軒下などの仰角部や隘路、ドローンが飛行不可な場所は地上写真も併用する。フォトグラメトリだけでは3D化が難しい特徴のない壁や複雑な構造物などはレーザースキャナーにより点群を取得し写真から生成した点群と統合することも行われる。小規模な遺物のフォトグラメトリと比べて一つの対象に対して多種多様な撮影機材を用いてデータソースを取得することが広域・景観フォトグラメトリの特色である。

　実施事例　根室市歴史と自然の資料館より2023年度に業務委託を受けた「根室半島チャシ跡群3次元CG動画制作」を紹介する。チャシはアイヌ語で「柵囲い」を意味し、アイヌ民族が聖地、祭祀の場、見張り場、砦など多目的に使っていた。根室半島に24か所残る「根室半島チャシ跡群」の内4か所を3Dデジタルアーカイブ化し、展示説明用の3次元CG動画を作成した。

　撮影計画　チャシ跡は根室半島の海岸沿いの原野や牧草地に立地し、周辺景観も含めると10万㎡を超える場所もあり非常に広域である。CG動画制

149

作用としてはチャシ跡周辺の自然景観の高品質な再現も必要であった。天候の安定を第一に藪が枯れ始め紅葉が期待できる 10 月末の撮影を選択した。屋外自然環境下ではテクスチャへの影の写り込みの影響を軽減するために曇りが望ましく、植生を 3D 化する場合は枝葉が大きく揺れない風速が 2m 以下程度の微風が条件となる。また時間経過で日照、天候条件が変わるため短時間に撮影完了することが望ましい。天候予備日も含めて 4 か所合計で 3 日間の撮影日程を確保する計画とした。

撮影実績 ノツカマフ 1・2 号チャシ跡の実績を例示するとレーザースキャンは写真だけでは再現が難しい樹木付近を中心に 14 か所実施し、ドローンの空撮は自動、手動撮影合計で 1,530 枚、地上カメラで遊歩道周辺の目線の高さからの 720 枚の写真を撮影した。2 名で分担し 2 時間強の所要時間であった。その他 3 か所も期間中に天候待機日もあったが同様に撮影実施した。

成果物 取得データはフォトグラメトリソフトの Reality Capture（図 1 左上）を用いて解析した。3D モデルを Web 用に軽量化し Sketchfab（図 1 右上）でアノテーションを加えた上でオンライン公開した。映像制作用には数百万ポリゴンと多数のテクスチャで構成される高精細 3D モデルを作成した。広域フォトグラメトリで再現された史跡内の着眼点をフライスルーする CG 映像とドローン実写映像を編集し、各チャシの歴史や立地等のキャプションを加えて成果物動画を制作した（図 1 左下）。資料館館内で展示説明映像として活用されている。

●図 1
チャシ跡 3 次元 CG 動画の作成

デジタルアーカイブシステム ADEAC
デジタルアーカイブの構築のこれから

田山 健二
TAYAMA Kenji

TRC-ADEAC 株式会社
問い合わせ先：info-trc-adeac@trc.co.jp
URL：https://adeac.jp/
X：https://twitter.com/AdeacSales

　デジタルアーカイブシステム ADEAC（アデアック）は、地域の文化資源をデジタル化し公開するためのクラウド型プラットフォームシステムで、その稼働は 2013 年 3 月に遡る。元は東京大学史料編纂所社会連携研究部門の研究成果（2010 ～ 2012 年度）を事業化したもので、図書館・博物館・自治体・大学等のコンテンツホルダーに働きかけ、史資料をデジタル化し公開する一連のプロセスで利益を得るというビジネスモデルであった。クラウドによる共同利用方式により、デジタルアーカイブを始めることへの予算的かつ心理的ハードルを下げようというのが当初からのコンセプトである。それぞれの利用機関（公開機関）と相談しながら、インターネット利用者に楽しく効果的に活用してもらえるデジタルアーカイブの構築をめざしてきた。

　ADEAC の導入状況　2024 年 8 月現在、151 の機関が ADEAC を使ってデジタルアーカイブの構築・公開を行っており、全体のコンテンツ数は、メタデータが 272,472 件、うち画像（動画・3D・音声等を含む）があるものは 183,731 件となっている。

　このシステムの特長は、①多様な資料に対応できる詳細なメタデータ、②高精細な画像ビューア、③資料本文のフルテキスト検索、④システム全体の横断検索にある。当初より横断型の共有システムを標榜しているため、自治体内では機関（部署）横断型のデジタルアーカイブとなっているケースが多い。データベースを一本化し、各機関の特性を活かして見せ方を工夫するという考え方である。例えば、浜松市のように全機関一体型のサイトを構築するケース「浜松市文化遺産デジタルアーカイブ」[1]、豊橋市のように機関ごとに入口を分けて構築するケース「とよはしアーカイブ」[2]、その折衷型の徳島県（図

書館・文書館・博物館・鳥居龍蔵記念博物館・近代美術館）のケース「とくしまデジタルアーカイブ」[3] など、各事業者の考え方に基づいてサイト構築を行っている。

ジャパンサーチとの連携と展望　ADEAC はこうした連携重視の方針に基づき、2018 年から国立国会図書館サーチ（NDL Search）へのメタデータの提供を始め、2020 年のジャパンサーチの稼働後は、ADEAC で公開されたメタデータが週次で自動的に OAI-PMH により国立国会図書館サーチ経由でジャパンサーチに送られている。また 2019 年から世界有数のディスカバリーサービスプロバイダの EBSCO 社（本社アメリカ合衆国）にも全メタデータを提供しており、とくに意識することなく世界中の学術研究機関で利用されている。

とは言え、一般市民の利用という観点ではまだまだであると言わざるを得ない。この状況を打開するため、2021 年から東京大学大学院の大井将生氏[4] と組んで、「S × UKILAM（スキラム）連携：多様な資料の教材化ワークショップ」を開催し、その成果をデータベース化し ADEAC サイトで公開している[5]。ワークショップ参加機関の中から、実際に授業活用を意識した二次利用条件の明示や IIIF ビューアへの変更につながる事例も現れており、こうした地道な活動によってデジタルアーカイブの日常化が徐々に進むものと期待している。

ADEAC は 2023 年にリニューアルを行い、予てより要望の多かったコンテンツ管理（自館登録）機能を搭載し、名実ともに第三世代となったが、依然解決すべき課題は多い。デジタルアーカイブは守備範囲が拡がる一方であり、また新しい技術展開も早いため、1 社で担うのは非現実的である。今後ますます関係する多様な分野の方々と連携協力しながら事業を進めて行きたいと思っている。

◉図 1
ADEAC トップページ

註

1）　https://adeac.jp/hamamatsu-city/top/
2）　https://adeac.jp/toyohashi-city/top/
3）　https://adeac.jp/tokushima-bunkanomori/top/
4）　2023 年 12 月現在、人間文化研究機構特任准教授
5）　S × UKILAM（スキラム）とは、学校（S）、大学（U）、公民館（K）、企業（I）、図書館（L）、文書館（A）、博物館（M）の頭文字を並べた造語である。詳細は以下 URL 参照
https://adeac.jp/adeac-lab/top/SxUKILAM/index.html

I.B.MUSEUM SaaS
博物館デジタルアーカイブのプラットフォーム

 内田剛史
UCHIDA Takeshi

早稲田システム開発株式会社
URL：http://www.waseda.co.jp

　1992年に発売した収蔵品管理システム「I.B.MUSEUM」シリーズは、博物館の資料情報をデジタルデータとして蓄積し、それを館内業務で活用することで学芸員の負担を軽減することを目指してきた。2010年11月にサービスを開始した「I.B.MUSEUM SaaS」はそのクラウド版であり、2024年8月に導入数が600館・機関を突破、現在も増加中である。

　当初は従来のオンプレミス型システムと同様、資料カードや台帳のデジタル化を目的としていたが、データの外部公開機能の搭載を境に変化。近年は新型コロナウイルスの感染拡大下における博物館のデジタル活用ニーズの高まりや、博物館法の改正でデジタルアーカイブの公開が正式に事業として位置づけられたこともあり、中小規模館ではプラットフォーム的な役割を担いつつある。

サービスの特徴

　①安価でかつ固定料金制：I.B.MUSEUM SaaSは、初期費用ゼロ、3万円の月額利用料のみという料金体系を採っている。もともとオンプレミス型システムで導入コストを捻出できない中小規模館の利用を想定していたため、登録データを追加すると高額となる従量料金制では本末転倒という想いがあった。そこで、機能改善も含めて、将来的なコストが当社負担となっても完全固定料金制とした。

　②学芸現場を助ける機能群：前述の通り、当サービスは収蔵品管理システムであり、展示・貸出や作家・寄贈者などの人物情報も一元管理が可能で、各種帳票を出力することも

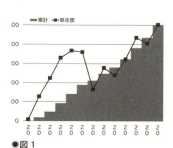

●図1
I.B.MUSEUM SaaS 導入館数の推移

153

できる。日々の業務で自然に情報が蓄積・更新された結果がデジタルアーカイブとなっていく仕組みである。

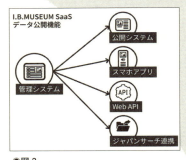

●図2
I.B.MUSEUM SaaS のデータ公開機能

デジタルアーカイブ支援

①外部公開機能：当サービスでは、データベースから公開したいデータを選び、インターネット上に開設した検索ページで外部に公開する機能を備えている。現在は複数のチャネルから発信することが可能である。

②ユーザ館の共用アプリ：クラウド型システムである当サービスは、継続的に機能を改善・追加している。そのひとつが2016年にリリースした「ポケット学芸員」である。システムに登録した文字や画像のほか、音声やYouTube上の動画も配信可能な展示ガイドアプリで、翌年には町歩きアプリ3種を追加。いずれも上記の月額料金内で導入可能である。

③外部サービスとの連携：2019年に実装したWeb API公開機能では、登録データを外部Webサイトやアプリへの配信が可能となり、デジタルアーカイブ事業に活用されている。また、2021年に実装したジャパンサーチ連携データ出力機能では、簡単な設定でジャパンサーチに自動的にデータを公開できるもので、少ない労力で連携が可能である。

課題と将来

①利用状況の向上：業務の負荷を軽減する機能群がその効果を発揮するには、資料データベースが整備されていることが前提となる。そこで、すぐに慣れることができるシステムを目指し、専門家を招聘してインターフェイスの全面リニューアルを実施。本稿をお読みいただく頃にはリリースされる予定である。

②ユーザ間の情報共有：博物館のシステムは自館の特性に合わせて活用する。成功例を下敷きにすれば大幅な時短が可能になるが、事例情報の共有はニュースレターなど伝達のチャネルが限られている。そこで、今後はこうした情報が蓄積される場を作り、各館が問題に直面した際に参照できるユーザ文化を構築したいと考えている。

ARタイムマシーン
博物館で体験する時空の旅

 町田香織
MACHIDA Kaori

株式会社デザイニウム

問い合わせ先：contact_desn@designium.jp
URL：https://www.designium.jp/xr/jp
X：@thedesignium

「ARタイムマシーン」プロジェクトについて　「ARタイムマシーン」は、過去の風景や建築物を現代に再現するために開発された技術である。このイノベーションは株式会社デザニウム開発担当のMattによって始められ、スマートフォンやARグラスを介して、歴史的瞬間をリアルタイムで体験可能にする。フォトグラメトリと拡張現実（AR）、VPS（位置情報）やAIによる音声ガイドの組み合わせにより、位置情報と連動して過去へのタイムワープが楽しめる。

技術的背景：フォトグラメトリとARの融合　「ARタイムマシーン」の開発には、フォトグラメトリという技術が中心となっている。フォトグラメトリは、複数の角度から撮影された写真を基に3Dデータを生成し、そのデータをARと組み合わせて過去の建造物や風景をリアルタイムで視覚化する技術である。最新の技術進歩により、LiDARスキャナーを搭載したデバイスを使用して、より精密でリアルな3Dモデルの生成が可能となった。これにより、ユーザーは過去の世界を歩いているかのような体験ができる。

開発担当がTwitterを閲覧していた際、ニューラルネットワークを用いたビデオのアップスケールとエンハンスメントを目の当たりにした。このツイートはデジタル修復の可能性を強調するものであったが、特に印象

●図1
浅草寺の山門の「ARタイムマシーン」

的だったのは、100年以上前の映像に映っていた、今でも名所である浅草寺の山門であった。これが「ARタイムマシーン」の最初のプロトタイプの対象となった。

その他、Googleマップを使って古いビデオが撮影された正確な場所を探したり、「位置・ジオ推測」と言って、写真だけを見てその写真が撮影された場所を推測する作業を行った。ARタイムマシーンでは、道路標識や道路・鉄道の配置などから映像の場所を推測している。ARタイムマシンを制作している間に、「@tasklong（長坂匡幸：（株）ホロラボ、本書157頁）さん」の写真測量を発見して声をかけた。彼が収集した今は破壊されてしまった建物の写真測量モデルは、写真測量とARを組み合わせることで歴史や保存にどれほど便利で強力なものになるかを実感させてくれた。

博物館デジタルトランスフォーメーション（DX）と教育の進化　「ARタイムマシーン」は博物館がデジタルトランスフォーメーション（DX）を加速し、訪問者に未来的な体験を提供できるようになる。この技術を通じて、博物館はアクティブな学習と探求の場としての役割を拡大する。博物館の展示方法を根本から変える可能性も持っている。従来の展示物をデジタル化し、全世界からアクセス可能な形で提供することで、教育の機会を大幅に拡大する。また、過去の出来事や文化を直接的に体験することで、訪問者にとって忘れがたい記憶となるだろう。将来的には、ビデオや音楽、画像など様々なメディアフォーマットとの連携によって、さらに多様な歴史体験が提供されることが期待される。

今後の発展のために　このプロジェクトをさらに発展させるためには、世界中からの協力が必要である。人々が位置情報とともに歴史的建造物などの3Dスキャンを気軽に利用するようになれば、歴史を保存し展示するという体験がさらに発展していくことだろう。フォトグラメトリはMeshroomなどのフリーソフトが使用できる。

156　第3章　最新のDX技術
The Latest DX Technique

文化財建築 3D アーカイブ
フォトグラメトリとレーザースキャナの場合

平山 智予
HIRAYAMA Tomoyo

長坂 匡幸
NAGASAKA Masayuki

株式会社ホロラボ
問い合わせ先：
HPの問い合わせフォームをご利用ください。
URL：https://hololab.co.jp
X：https://x.com/HoloLabInc

　ホロラボでは、様々な構造物をフォトグラメトリし3Dモデル化を行っており、その中には文化財建築等のデジタルアーカイブ化の依頼も多く含まれる。海外の千年単位の長い年月を経た遺跡や石造りの建物などの例に比べ、日本の文化財アーカイブはそうした歴史の古いものだけではなく、数十年～数百年の比較的若い木造建築（現代建築も含む）や、車や鉄道車両のようなプロダクトなどが多くみられる。その背景には、一つには災害の多い日本で、火災に弱い木造建築の形状を、築年数に関わらずアクシデントによる消失以前にデジタル化し、万一に備えようというリスクマネージメントをしたいという観点がある。また、別の観点として自動車や鉄道車両などの日本産業の得意分野である工業製品は、速いスピードで様々なデザインや機能を持った製品が登場し、生まれては消えていっている。一部は博物館などに保存されるが、ほとんどの製品は形も残らずスクラップされ消えていくものが多い。そのため、場所をとらないデジタルデータの中だけでもそれらのかたちを残しておきたいという思いがあるようだ。私たちは、これらの文化財を守りたいという想いに応えることが出来ればと可能な限り正確な3D計測やフォトグラメトリ化に取り組んでいる。

　沖本家住宅の3D計測　過日ホロラボで3D計測、3Dモデル作成を行った国分寺市にある沖本家住宅は洋館と後年増築された和館で構成されており、昭和初期の洋風建築および和風建築の姿を現代に残すとして2021（令和3）年に国登録有形文化財に指定された建築物である。2023（令和5）年に築100年を迎え継続的な保全活動を見据え、ホロラボとしてデジタルデータでの記録と技術協力をさせていただくこととなった。

沖本家住宅の 3D モデルの作成　3D 計測の手法として、レーザースキャナによる三次元点群の取得と写真撮影によるフォトグラメトリを併用している。レーザースキャナによって得られる成果として、実測の情報が三次元的に取得できるという点が挙げられる。通常の計測作業では物理的な計測機器を用いて建物にそれを当て目視で寸法の数値を読み図面に書き込むなどの作業を行うが、レーザースキャナを用いた計測作業では照射されるレーザーが建物に当たって反射して戻ってくるまでの時間を距離として取得し、レーザーが当たった箇所の座標を計算し点として記録する。最新の機器では、およそ数分の計測時間の間に数億という点を取得できる。この点の集合のデータを「点群」と呼び取得された点群は三次元的な形状を構成し、この計測作業を複数回行う事で建物全体の立体的な形状を記録する事が出来る（図1）。

フォトグラメトリでは写真を使用した 3D モデルの生成を行う。あらゆる角度から複数枚の写真を撮影し、対象物の特徴から視差を計算し三次元形状を生成する技術で、レーザースキャンによる 3D 計測だけでは取得しきれない細部の情報を記録する事に向いている。沖本家住宅ではおよそ 1 万枚の写真を撮影し、3D モデル作成に使用している。フォトグラメトリのもう一つの特徴として、写真を 3D モデルのテクスチャとして使用する点がある。これは建築物の姿をそのまま記録し 3D モデルに反映する事が可能という事で、建築物が持つ色、装飾、経年などの特徴的な個性を表現する事が出来る。沖本家住宅を例に挙げると、空襲時の機銃掃射跡の様な歴史的事象の視覚情報と三次元情報を同時に記録する事が可能となる（図2）。

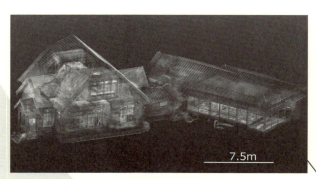

●図1
点群データをビジュアライズした画像（外装、内装共に 3D スキャンを行うことで建造物を実スケールの三次元で記録、視覚的にもその構造を立体的に確認する事が出来る）

3D アーカイブを行った
沖本家住宅の 3D モデル

第 3 章　最新の DX 技術
The Latest DX Technique

規模の大きい文化財の高精細な 3D モデルにも対応　これらの技術を用いる大きなメリットとして、手を触れずに記録作業を行える点にある。触れないことによる破損等のリスクが減ることはもちろんのこと、人の手では届かない箇所、入り込めない箇所などの記録が可能となり、建築物の様な規模の大きい文化財でもより詳細な計測と形状の取得が実現できる。そして、本来レーザースキャンとフォトグラメトリは目的が異なる技術であるが、この2つの技術を組み合わせる事によって、実物と同じスケールを持ち実物に近い見た目でより高精細な 3D モデルの生成が可能となっている (図3)。

建築物の様な規模の大きい文化財に対しての保存活動の一環として、こうした 3D 計測を用いたデジタル技術の活用は大変有用である。文化財の継続的な保全と広く一般への周知の行うための活動として我々ホロラボとしても技術的協力を引き続き行っていきたい。

●図2
歴史的事象の三次元記録（沖本家和館には戦時中の空襲による機銃掃射の跡が現在でも残る）

●図3
デジタル空間上で三次元再構成された沖本家住宅（実スケールでの記録と写真による記録によって現実空間に存在する状態と同じ姿をデジタル空間上で再現する事が可能）

みんキャプ
市民参加型の3Dデジタルアーカイブ活動

久田智之
HISADA Tomoyuki

みんキャプ運営委員会
運営委員長

問い合わせ先：info@anotherbrain.co.jp

　みんキャプとは「みんなでキャプチャー」を表す造語である。キャプチャーは3Dキャプチャー（3Dスキャン）のことで、現実世界の物体をデジタルな3Dモデルに変換する技術を指し、それを実現するための様々な機器が開発されている。研究・業務用の高価な専用機器から近年はスマートフォンで3Dキャプチャーを実現するScaniverse（本書144頁）などのアプリがリリースされている。

　みんキャプという活動は、そのような身近な3Dキャプチャーアプリを活用して価値を創造するムーブメントとして2021年より始まった。

　作品コンテストを開催し「みんな（仲間）」を集めてみた　3Dキャプチャーの一般利用は非常に新しいテクノロジーのため、どのような分野で活用できるか、どのような層が興味を持つのかが当時は全くわからなかった。そのためまず旗を立ててみようと2021年度後半に作品コンテスト「みんキャプアワード」を開催。結果45名83作品が、翌年の「第2回」では87名225作品が集まった。東京タワーの外階段や城郭、古民家、ご当地料理など様々なジャンルの作品が並んだが、それらを見渡す中「文化遺産を形に切り取りデータで保持・保管したい」というニーズあるいはウォンツがあ

●図1
東京タワー外階段（by hirotakaster）

第3章　最新のDX技術
The Latest DX Technique

●図2
撮影風景　作成した3Dデータ

ることが発見された。

街を歩いて3Dキャプチャーし3D地図化するワークショップ　みんキャプでは「3Dモデルには位置情報（緯度・経度・高さ・方位）も記録しよう」というコンセプトも大切にしている。その関係もあり2023年には長野県の上田市マルチメディアセンター主催「上田の街並をみんなの力で3Dデータにしよう」ワークショップや、愛媛県松山市後援、愛媛大学・ASCII STARTUP・国土交通省協力による「みんキャプクエスト@松山市三津浜」を開催。両者とも「みんなの力で『古い街並み』を3Dデータ化して残せないだろうか」という仮説から企画が始まっている。3D地図の表現にはProject PLATEAUの各種データも活用している。

長野市立博物館と長野市立更北中学校ものづくり部理科班の取り組み　2023年度後半、長野市立博物館の収蔵・展示資料の3Dアーカイブを軸にした中学生の探究型の課外学習の企画・運営に協力した。

オープンデータ化にも取り組む　中学生らがキャプチャーした3Dモデルは長野市立博物館の多大な協力のもとオープンデータ[1]化され、Sketchfab[2]で公開されている。

活動内容は書籍化　この一連の活動は『長野市立更北中学校ものづくり部理科班（2024）ぼくらのみんキャプ博物館』として書籍化、MyISBN—デザインエッグ社より出版している。興味を持たれた方はぜひ手にとって読んでみてほしい。

註
1) 2020年度にスタートした、国土交通省が主導する日本全国の3D都市モデルの整備・オープンデータ化プロジェクト
2) 二次利用が可能な利用ルールで公開されたデータ
3) 3Dモデルを公開・共有するためのインターネットプラットフォーム

文化財 BIM と XR プラットフォーム STYLY
建築デジタルアーカイブの XR 活用

桑山優樹
KUWAYAMA Yuki

株式会社桑山瓦
ワイクウーデザイン
問い合わせ先：info@ykuw-design.co.jp
URL：https://ykuw-design.co.jp/
X：@YkuwDesign

　文化財 BIM（以下、「H-BIM」という。）の BIM とは、建設業界で普及が進む属性情報をもったオブジェクト指向の 3DCAD の事を指し、文化財に BIM を用いた手法を H-BIM と呼ぶ。これは国内だけではなく世界で普及が進み始めており国内事例も増加傾向だ。BIM を用いる利点は、例えば窓台の部材を 3DCAD や DCC ツールで制作した場合、その部材が何かは見た目でしか判断がつかず人によって解釈が異なる場合があったが、BIM ならオブジェクトに情報を持たせる事ができ「部材名：窓台」「設置高さ：○○mm」といった情報を格納できる。また、XR（AR や VR の総称）のコンテンツ制作は、現在では汎用的なプラットフォームが整ってきており、内製化を実現している行政もある。

　H-BIM について　BIM ソフトは、Archicad・REVIT・GLOOBE といったソフトがよく使われている。私は普段から使用するソフトである Archicad で述べるが、H-BIM には Archicad が適しているとも考えている。他ソフトに比べ設計向きと言われており実際に設計事務所への普及率が高い。文化財の調査や管理をする事が多い設計事務所に普及率が高い事は利点である。そして、制作後のデータの共有もしやすいからだ。まず制作だが、数年経ちバージョンが変わっても過去のデータを問題なく開ける場合が多い。必ず問題が起きない保証はないが、10 年前に作成した所有データを最新バージョンで問題なく開けている。過去のデータを開ける利点は、想定の考え方が変わるなど、追記や編集をしたい場合に編集する事ができるからだ。DCC ツールや 3DCAD との違いもここにある。BIM はオブジェクト指向で入力するので、数値を変更するだけで編集できる場合もある。また、例えば屋根形状

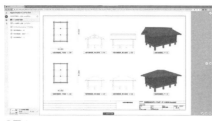

●図1
サイト上で閲覧

●図2
プロパティ閲覧・3D断面

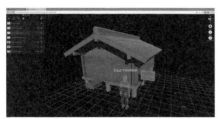

●図3
STYLY Studio 編集画面

が切妻屋根から入母屋屋根に考え方が変わった場合に、変更した事をプロパティに残す事ができる。その場合、変更前の状態をレイヤーとレイヤーセットを使い前後の形状を残す事もできる。H-BIMデータを見れば、どの時点で考え方が変わったのか、そして変わる前後の状態を確認する事ができる。次に制作後のデータを公開する際に課題になるのがビューワーだが、ArchicadにはBIMxというビューワー形式がありアプリも付属しているので、公開も比較的容易におこなえる。BIMxの閲覧は、デスクトップ・モバイルのアプリに加えてウェブサイト上（BIMx Model Transfer）でアプリ同様に閲覧する事ができるのが最大の特徴である。また同サイトでBIMxデータの配信も可能である。また、BIMxはビューワー形式で編集する事はできず改変される心配がない。

STYLYを用いたXRについて　STYLYとは、株式会社STYLY（東京）が開発提供をしているVRとARの両方に対応した国内製XRプラットフォームだ。今回紹介するのはARが中心になる。STYLYは平面をトラッキングした空間にCGを付加し、体験者が任意に移動する動きに追随してCGが表示される体験度の高いAR体験ができる。そしてSTYLYは、手軽にワールド制作する事ができるのも特徴の1つだ。webブラウザ上で動くSTYLY Studioで、比較的簡単な手順でワールドを構築する事ができる。従来、XRコンテンツ制作には専用のソフトの知見だけでなくプログラミング等の高度な専門知識だったが、STYLYなら手順を覚え素材が揃っていればとても手

軽に構築できる。手軽な反面で出来る事に制約はある。例えばマテリアルの調整等はSTYLY Studio上ではできない。Unity（ゲームエンジンソフト）を使えば解決するが、この場合には専門知識が必要になる。ここまで出来るサービスでありながら、公開利用であれば商用利用も無料で使える点で導入しやすい。

●図4
ARバーチャル看板

　XRコンテンツ制作の内製化で初めにオススメするのがARバーチャル看板だ。バーチャル看板は看板の体裁の画像（jpg等）を作れれば良い。看板にバーチャルを活用する利点は、詳しい説明の掲示や情報の更新も容易にでき、特に昨今、課題になる事が多いインバウンド向けの多言語対応にも貢献する。

　次に、3DスキャンデータのAR事例を紹介する。博物館等の展示で他所の類似物の写真が隣に展示されているのをよく目にするが、類似物の3Dスキャンデータがあれば3Dデータを展示物に並べる・重ねる等のAR表示が可能で、また展示物と類似物の両方の3DスキャンデータをARで表示すれば、疑似的により近くで好きな角度から観察する事も可能にする。また、展示室のスペースの都合で非公開になっている物を掘り起こす事も可能である。

　まとめ　H-BIMは、ほとんどの方は最近耳にするようになった言葉だと思うが、BIMは建設業界で普及が進んでおり進化を続けている点からも、文化財でBIMを導入する事のリスクは小さいと考える。XRも活用場面が増加しているだけでなく、XR技術の応用で新たな革新が起こっている。バーチャルの特徴を駆使すれば今まで諦めていた又は想像すらしていなかった展示手法の発展を秘めている。H-BIMやXR活用はわかりやすく魅力を伝えられるのでオススメだ。

●図5
現物と3DスキャンのAR重畳

第3章　最新のDX技術
The Latest DX Technique

第4章 ディスカッション
博物館DXのいまとこれから
Current situation and prospects of Museum DX

モデレーター
関　雄二
SEKI Yuji
国立民族学博物館 名誉教授

パネラー
**中村誠一　中尾智行
朝倉由希　村野正景
野口　淳**

1　博物館DXをどのように評価し位置付けるか
2　博物館DXに求められる次世代の人材育成
3　博物館DXと国際協力
4　博物館DXの輪を広げる

🗨 **関**　皆さんこんにちは。こちらは現在、午前1時15分ぐらいで、寒くなってきました。南米から参加しております。今日、大変興味深く、拝聴させていただきました。

まず中村さんが、冒頭で公立小松大学次世代考古学研究センターが推進していくこと、またセンターの役割について説明されて、次に中尾さんは博物館資料のデジタル化とその活用の重要性を博物館法の改正と関連させて詳しく説明されました。朝倉さんは、そうした改正の背景となる文化政策全体を、包括的かつ通時的に明確に示していただいたと思います。さらに村野さんは、個別テーマとしてお勤めになっている京都文化博物館の活動として、活用という視点に立った上でのデジタル化という方向性を示され、特に、他機関との連携の事例として、学校博物館のデジタル化の意義という点も説かれました。野口さんからも、見事としか言いようがないような事例を紹介していただいたわけですが、博物館利用者を含むような博物館 DX の取り組み、それが地域活性化と結びついているような事例なども紹介されました。

私は、今日はモデレーターということでいくつか感じたことをもとに、オンライン参加者の方からの質問も含めながら、発表者のみなさんに伺っていくというかたちで進行したいと思います。

1　博物館 DX をどのように評価し位置付けるか

🗨 **関**　中村さんから説明された小松大学次世代考古学研究センターの役割の中で、私が気になったのは SDGs との関連性です。これは大変難しく、分野的にもなかなか踏み出しづらい問題です。私が関わっている文化遺産国際協力コンソーシアムという組織でも、SDGs と文化遺産の国際協力という課題について、どうしたらいいだろうかと、シンポジウムや研究会で検討してきましたが、なかなかいい結論が出てこないわけですね。そんな中でセンターが意欲的

に取り組むことは素晴らしいなと思う反面、どういった方向性で進めていくのかと質問しようと考えていました。

　ところが、その後の方たちが見事に次々にそれを説明してくださったので、もし本当にこれがセンターの仕事として実現されていくならば、結果として SDGs と結びついていくんだろうなと感じました。具体的には、SDGs の項目の中にある、教育や暮らしなどの項目も含め、いろいろな項目に結びついていくのだろうという気がいたしました。また、博物館 DX についても私は大賛成で、デジタル化も進めていくべきと思っています。

　そのなかで、1 つ私が危惧というか、皆さんのご意見を聞きたいと思うのは、博物館 DX と社会制度、あるいは、博物館での活用といった場合の社会的評価の問題です。

　博物館での活用を唱えるのは、日本では遅すぎるぐらいだと私自身は思っていますが、一方でこれは体のいい予算削減の言い訳でもあります。主に 2000 年代ぐらいから、市民の自発性を求める新自由主義的な政策が始まるなかで保存から活用へといった変換は当然だと思うし、その過程で非常にパワフルで応用力のあるデジタル化を手法として採用していくこともわかります。しかし一方で、昨年まで所属する博物館でデジタル化のことや、それに関する規則を作ることを担当していた人間としては、博物館 DX、あるいはデータのオープンソース化をしようとする時に、社会全体が DX に対応していないと難しいという面を感じてきました。

　例えば博物館で、デジタル化が進まないことにはいろいろな理由があることが今日ご指摘されましたけど、私はさらに評価の問題も関係していると思っています。私が所属していた国立民族学博物館は文化庁系の博物館ではありませんが、評価という厄介なものを抱えている点では同じです。この評価システムは、博物館のオープンソース化などをむしろ阻むような面が強いように感じています。例

1　博物館 DX をどのように評価し位置付けるか　167

えば、オープンソース化すると、アクセス数などはわかるかもしれないけど、それがどういうふうにして活用されたのか、あるいは利用者数はどうなのか、それを調べようと思ったらとんでもないマンパワーと予算がかかってしまったりするわけです。ところが、そうした利用データを内閣府だとか文科省が要求するわけですね。非常に細かい話になりますが、そのデータを数値化する仕事が加わってくるのです。つまり DX 化を進めようと思っても、評価システムに対応するために、評価項目の範囲のなかでの DX 化を考えてしまうという、縮こまった施策になってしまうわけです。

　そういう面からも、博物館 DX を進めていくためには、社会全体を変えていかなくてはいけない部分も出てくると思います。

　少し大きな課題、反面、個別的な課題になってしまったかもしれませんが、他の社会制度との関係性っていうのはどうお考えなんでしょうか。それをお聞きしたいと思います・中尾さんいかがですか。

　🔊 **中尾**　今、関先生がおっしゃっていただいたこと、非常に大事な観点かと思います。

　これまで博物館が実物の保存と鑑賞を重視して活動してきた中で、設置者の評価をどう得ていくのかに関しては、デジタル化と相性がいいかというと、そうではないという部分があります。

　例えば、アメリカの博物館でスミソニアンを例にとりますと、デジタル化 10 億人計画という、デジタル化によって 10 億人が博物館資料に触れる機会を得ることによって、ミュージアムの価値を示していくというプロジェクトを立ち上げています。この背景には、アメリカの博物館群では運営資金のポートフォリオの多くが民間からの寄付で成り立っていることがあります。

　一方で日本では、公立博物館は、運営資金のほぼ全てを自治体予算、つまり内部支出で賄っています。そのため、設置者（国や地方行

168　**第 4 章　ディスカッション　博物館 DX のいまとこれから**
Current situation and prospects of Museum DX

政）による評価が予算獲得のために重要になっているわけですが、これが現在、入館者数とかその満足度などで測られてしまっているわけですね。関先生がおっしゃるような、オープンソース化されたデジタルアーカイブの活用状況を押さえなければいけないというような評価も同種の業績評価です。

　この点を打破するためには、今後博物館側からも評価軸を提案することが必要だと思います。博物館の活動がどのような効果を生み、地域社会に波及していくのか、市民の豊かな生活に貢献するものであるのかという点で、その成果を可視化し評価検証の上で提案していくことで、新たな評価軸を作る発想です。なかなかそこを変えていくのは難しいのかもしれませんが、その評価軸を発信すること自体も、やはり博物館にしかできないことではないかなと考えます。

　実際、現場からはではどうしていくんだという声も聞きますが、もともと評価自体も外部からされるだけではなくて、内部評価がいちばん大事です。そういう中で、自らデジタル化がもたらす成果とは何か、それをどのように把握していくのかを考え、発信していくような流れにしていかなければならないと思います。デジタル化は博物館の活動や利用者との関係性を大きく変えるものです。当然ながら博物館という施設の事業成果を評価する視点も変わるべきですし、その内容は、デジタル化に並行して考えていかなければいけないことなのかなと思っています。

🗨 **朝倉**　評価の問題については、私も長く考えてきました。現在、博物館に限らず大学教育でもそうですし、どんな分野においても、客観的な成果を数値で示すことが求められています。そのなかでこの 20 年ぐらい多くの文化施設で、文化がもつ価値というのは必ずしも入館者数等の数字だけでは表せないという矛盾を抱えながら活動してきたと思います。今中尾さんがおっしゃったことと重なるの

1　博物館 DX をどのように評価し位置付けるか　　169

ですが、必要な数字は示しつつ、もっと定性的な成果や効果も多様にあるということを、取り組んでいる博物館の側から提案していくことが必要だと思います。

それからデジタルというと、ともすると無機質なイメージをもたれがちだと思いますが、全然そうではなくて、先ほど紹介された市民参加の事例にもあるように、デジタル技術をツールにして、地域と寄り添い、さまざまな人が関わって、地域文化を自分ごと化していくことが可能になります。デジタル技術により、子供たちも容易に参加できるという利点もあります。多様な人を巻き込み、地域社会の豊かさに繋げていくことができます。

それは、例えば分かりやすい経済効果など、すぐ目に見える成果になるわけではないですが、ここに住み続けたいという思いや、ここに生きることを誇りに思うなど、文化を通じた地域アイデンティティの醸成、シビックプライドといったことに繋がっていきます。長期的に見た時に本当に大切なことに繋がっているわけです。地域と博物館と設置者がそのような文化の価値を共有しあうことが、とても大切なことだと思っています。

🗨 **関**　村野さん、どうぞ。

🗨 **村野**　評価制度について、現状は、法制度的側面と経営的面とでギャップがあります。少し言いづらい部分がありますが、運営のかなりの部分を年度ごとに自前で「稼ぐ」必要のある京都文化博物館のような博物館では、デジタル化の予算確保は非常に難儀なものです。満足度などを含めた博物館の社会評価というより、博物館運営にかかる資金計画の問題からです。法改正があったから、デジタル化による新しい情報が得られたから等と言って、博物館予算が増えるというわけではありません。それに、例えばデジタルアーカイブの構築時は予算がついても、その後の保守管理について予算がつくとは限りません。デジタルアーカイブ単独で稼げるものではない

以上、博物館全体の資金計画の中で綿密な制度設計が必要です。こうした設計に役立つ事例（グッド・プラクティス）または参照モデルは現状見出しにくく、あればぜひ共有していただきたいと思っています。なお京都文化博物館でも現状は、DX関連企業らと相談しながら、無料ないしできるだけ安いサービスを探しています。企業側でも、近年では、一般の博物館が利用できるサービスや技術は何かを把握し、考案しようとしています。そのようなところと共同研究をおこない、機材利用協力をしていただくなど、現場は様々工夫し、頑張っているというのが実情です。このような工夫や参照モデルを参照できる「まとめサイト」のような情報プラットフォームが欲しいと考えています。

🗨 **野口**　私から少し視点を変えて、制度ではなくて、技術的にどんな対応が可能なのかということを、DX化についてコメントしたいと思います。

　まず、フルデジタルにすることで、デジタルデータがウェブ上をどれだけ流通しているのか、動いているのかというボリュームをウェブトラフィッキングでカウントしていくということが可能になってくるかと思います。これは従来のデジタル技術のように、目の前を人が通っていくから来館者であるとか、あるいは利用申請書が来たから利用実績になるというようなカウントではなく、新たな評価の指標として機能する可能性があると思っています。

　このカウントには2つの利点があって、1つは流通量、トラフィックが確認できること。そしてもう1つは、オーセンティシティーを確保できることです。最近ですと、NFTなども話題になっていますが、不正なデータなのかどうかということが、もう少しシンプルな技術でも実装可能です。例えば国立民族学博物館にオリジンをもつデータがどれだけ流通しているか、あるいは、京都文化博物館にオリジンをもつデータがどれだけ流通しているのかとい

1　博物館DXをどのように評価し位置付けるか　**171**

うことを、人間がマニュアルで監視するのではなくて、ロボットや
AI が監視して、その結果が毎日レポートで示されるというような
ことは実は十分可能ですし、ウェブ広告とかウェブマーケティング
の世界では普通に行われていることです。こういう技術を評価制度
などに導入することも、また 1 つの博物館 DX なのかなという風に
思います。

🗣 関　ありがとうございました。次々にそういう技術的なアイデ
アは生まれてくると思いますが、いっぽうで、例えば民博はできる
かもしれないけれど、他の博物館だと技術者を雇用するのだけでも
大変な問題になってくると思います。どこかで効率的なモデルを
作って、それを普及していくことが望まれるかと思います。

2　博物館 DX に求められる次世代の人材育成

🗣 関　さて、次の話題に移りたいと思います。次はオンライン参
加者からの質問をみてみましょう。この方のご質問は、私もぜひ質
問したいと思っていたことです。

　「今日は素晴らしいお話をありがとうございました。これからデ
ジタル化は学校教育と地域社会への貢献についてとくに重要であ
り、その中で、変化する時代に合わせた人材育成が必要であると考
えます。文化財業界の若手の人材育成はどのようにしていく必要が
あるとお考えですか」ということです。

　「セミナーから外れた質問で恐縮ですが」と書いてありますが、
全く外れていなくてとても大事なことです。なんと言っても、この
センターは名前に「次世代」を掲げ、次世代の人材育成まで考えて
いこうというところですから。

　そのなかで、私がやはり危惧するのは、朝倉さんが、本質的なも
のの上に立つような活用というような図をお見せくださいましたよ
ね。その手法としてのデジタル化が進めなられなくてはならない

第 4 章　ディスカッション　博物館 DX のいまとこれから
Current situation and prospects of Museum DX

と。デジタル化について中尾さんも、文化庁などから予算の準備や支援制度があるというような話もされました。日本におけるデジタル化の遅れとか活用の遅れは私も十分承知しているので、これは当然のことであって、デジタル化は非常に進めていかなきゃいけないことはわかります。

ただ一方で本質的なものをどう考えるか。ものすごくパワフルに急激に進んでいくデジタルやAIの技術をみていると、たとえば私の43年間の研究など、あっという間にまとめられてしまうような、いわば従来の私たちが抱えてきた「知性」に対する、ある種の絶望的な状況の中に一般の伝統的な人文科学研究者を追い込むことにもなります。そういう情勢が、雰囲気が醸し出されているようなところも一方にあるわけですね。

こうした雰囲気は、本質的な価値を見据えて基礎的な研究をしようとする、まさにこの次世代の文化財に対して真剣に取り組んでいこうというような研究者の養成にとっては、負に働く面もあるのではないかという危惧があります。実際に基礎的研究をしようという学生はどんどん減っているわけです。他の分野でもそうですね。自然科学の分野でも、基礎科学を研究するという人間は減っているわけです。

デジタル化や活用については、今日お話を聞いた限り、何かものすごく未来が開けていて、活用の分野では人材育成を進めていけるかなという気もしますが、伝統的な知性型の、いわゆる本質的な研究というのはどうなってしまうのか。

これはぜひ、この次世代センターでも考えていくべき問題だろうと思います。たとえば、このベタな基礎研究をどれだけ面白いものなのかということを伝える方法を中村センター長を含めて考えていただきたいなと思う次第ですが、この育成の問題はどう考えるべきでしょうか。

2 博物館 DX に求められる次世代の人材育成 | **173**

🗨 **中村**　私は長い間、中米の開発途上国を対象にして研究してきましたので、常に視点が向こうにあります。このデジタル化の問題でも、日本ではこれはできるだろうけれど、現地ではどうなんだろうかということを常に考えています。それで実際、今、コパン遺跡（ホンジュラス）とティカル遺跡（グアテマラ）という二つの世界遺産では、ご存じのように、コパンはある程度デジタル技術を発展させていくためのプラットフォームがあるわけですが、ティカルはインターネットもないようなジャングルの中にあります。今から10数年前、日本がティカルにティカル国立公園文化遺産保存研究センターを5億6,000万円投入して無償資金協力で作った時に、実はその中にすでにデジタルセンターを設置する構想があったんですね。ところが、インターネットもつながっていないので、そのアイデアが頓挫したという状況を見てきました。そういう中で文化遺産のDX化という視点で人材育成をどう行っていくのか。ホンジュラスとグアテマラの状況を見ると、日本とは異なり、考古学という学問、自国の文化や文明を学ぶ学部や専攻ができるのがそもそもすごく遅かったので、どちらかというと日本とは反対で専攻しようという人は増えてるように感じます。ですから、今、現地で野口先生に取り組んでいただいているように、日本のような人材育成を若い人たちにこれからどんどん行なっていくようになればと思います。ただ、その先その人たちが一体どこに就職して、どういうふうにそのデジタル技術を活用していく場を得られるのかが次の、おそらくこれから10年後ぐらいに問題になってくるかなという現状です。

　次世代の日本人の人材育成に関しては、公立小松大学に、こういう他の大学にない研究センターを作った以上は、しかもそれに次世代という名前をつけた以上は、ぜひこれは大学法人、学長はじめ、執行部の皆さんに考えていただき、ぜひどんどん発展させて、日本の他の大学研究機関が、模範とできるような次世代型の人材育成も

第4章　ディスカッション　博物館DXのいまとこれから
Current situation and prospects of Museum DX

含めた研究センターにしていきたいと思いますので、ご協力をぜひよろしくお願いいたします。

🗨 **中尾**　私も元々、考古学の人間なので自分自身の経験から思い起こすと、私の学生時代はまだワープロ時代でした。パソコンがようやく普及しはじめたころで、卒業論文を提出する時に、データをまとめるのにすごく苦労しました。もちろんまだエクセルもなく、当時、Lotus 1-2-3 という表計算ソフトがありましたが、それが使えるパソコン自体を持っていない学生も多く、全てノートに罫線を引いてデータをメモって、アナログで分析していく。グラフを作るのも大変で、自分で書くしかなかったんですね。

　その後、社会人になった頃に、windows95 などが出てきて、急激にパソコンが使えるようになりました。その時に、1番ありがたいなと思ったのは、そういったデータ分析とかグラフの作成を一気に進められるようになったことですね。実際にその頃の講演や論文を読んでいても、そういうデータに基づいた分析をもとにした研究が急に増えた気がしました。

　このように、新しいツールが研究を飛躍的に進展させたり、新しい領域を拓いていったりする面があると思います。当時、重鎮とされている先生が書かれたすごくいい本がいっぱいありましたけども、あまり数量的な分析は載っていないことも多いので、私たち世代の新しい研究者は、比較や検証のためにデータを集めて分析する手法で研究を進めるようになってきた。新しいデジタル技術が研究を進めた例かと思います。

　そして、今まさに3次元データなど次世代のデジタル技術によって、また新しく進んでいこうとしている段階にあると捉えられると思います。

　以前に、土器の使用痕の分析研究に加わっていたことがあります。外面の煤と内面の焦げの形状や位置関係を分析することで煮炊

きの方法や内容物を検討していくのですが、そのために平面的な土器実測図から起こして、表面の煤と内面の焦げの対応を取る作業を行っていたのですが、これが難しい。ところが、3次元モデルですと、内外面の対応や、色調・形状などをあっという間に正確に把握できるんですよね。今は秤のおもりである弥生時代の石の分銅の研究を進めていますが、分銅は質量基準なわけですから、細かい欠損などをしっかり押さえて分析していくことが重要になります。ですが、平面実測図ではこれが難しい。人によって、欠損部の表現も違ったりしますし、磨いているのか欠けているのか判断がつかない図面もあるので、実物を確認するしかない状況もありました。そういう意味で3次元データ技術は研究の効率化や新しい成果の創出に大きく役立つものだと思います。

　この考古学研究のように、やはり新しい技術が入ってくることによって新しい研究の展開があるはずなんですね。ですので、人材育成においては、新技術の利用によって、これまでの研究課題の解決や新しい展開がどこにあるのかを見定めるのがポイントになると思います。

　もちろんこれは学生自身が考えることでもあるのですが、教員側もいっしょに考えていくことなのかなと思っています。こういった技術を使えばどんな分析ができるようになるのか、それがどのように歴史的解明に繋がっていくのか、学生と一緒に議論を重ねていくで、学会全体として新しいデジタルツールやメディアを使った研究が展開していくのではないかと期待しています。

　育成の部分と本質的な研究について、私自身の経験に照らしても、新しい技術が出てきたからついていけなくなるのではなくて、新しいツールが出たからこそ可能となる研究がある、そこにフォーカスすることが大事なのかなと思います。

🗨 **朝倉**　この点について、2点くらいにまとめて申し上げたいと

第4章　ディスカッション　博物館 DX のいまとこれから
Current situation and prospects of Museum DX

思います。

　まずは、文化財の保存と活用の問題です。これまでどちらかというと保存重きだったところから、活用にも注目して、その両輪で進めていくことは、とても大切だと思います。ただ、今は活用がフォーカスされているのですが、活用するためには保存していくことが大切で、どちらかに振れすぎないようにしていく必要があるいうことが1点です。

　もう1点は、人材育成についてです。私自身は文化財の専門家でも博物館や考古学の専門家でもないのですが、大学の教育・人材育成においては、文化の価値と社会を繋ぐ人材を育てていく必要があると考え、教育や活動をしています。

　ただ、学生をみていると、彼らはデジタルネイティブ世代で、メディアとの接し方も短い時間でパッと分かるものを好む傾向を持っていますし、いわゆる「映え」を好むような、そういう感性をもっています。この傾向はこれからさらに加速していくような気もしています。今の世代ならではの学生の発想や感性から学べることも多いのですが、それだけではない、調べてじっくり考えてようやくたどりつく「深み」のようなものにもっと目を向けてもらうことが、どうしたらできるのかなと、目下悩み中です。

　また、私が教育で育てていきたいのは、様々な分野を繋いでいく人材なので、専門家の方や市民の方と積極的に関わっていくことも必要です。学生には、双方の人たちと関係を作っていく繋ぎ手になってほしいですね。そのためにも、専門家が日々研究し追求している、文化そのものの価値をもっと深く見ていく視点も重要で、その視点をどうやったら育成できるのでしょうか。関先生がおっしゃる知性というか、人文的な見方・考え方をどのように育成していけばよいのか、とても苦労しているのが現状です。

🗨 **関**　本当にそこのところだなと私も思っています。ありがとう

ございます。村野さんお願いします。

🔴 **村野**　まず前提として、本質的な価値や基礎研究に代表されるような伝統的知識の価値は、活用・実用の価値に比べても、十分に高い価値があると言い続けることが必要と思います。国家の制度設計としても、例えば科研費などで基礎研究の枠を減らさないで後押しすることは重要と思います。

　ただし現在、社会そして博物館現場で求められているのは、基礎研究ができ、しかも活用も進めていける人材です。両方ともできるようなキャリア形成が求められています。その設計ができているかどうか。そこが人材育成の悩みどころではないでしょうか。

　悩みの解決策として私は、この両方を持ち合わせた方について、実際にどのような学びや実践をおこなってきて、どんなキャリア形成をたどったのかといった情報を集め、共有することを提案します。このようなモデル人材を見出していく作業がいま必要と思います。

🔴 **関**　ありがとうございます。野口さん、なにかありますか。

🔴 **野口**　そうしましたら、最後ですので、別の切り口から少しコメントさせていただきます。まず、次世代ということがキーワードになっていますが、では私たちにとっての次世代ってどういう人たちなのかというのを考えてみます。実は今この壇上にいる5人、それから会場にいる学生さんも含めて、大変ネガティブな言い方ですが、旧世代の最後にいると私は認識しています。それはどういうことかと言いますと、あと5年経つと高校で情報必修化になった世代が大学を卒業して世の中に出てきます。その後を追って1、2年で、GIGAスクールで中学校の時からタブレットを触っている世代となり、さらに追いかけて5年経つと、小学校に入学した時からタブレットを触っている世代が出てきます。その世代は、小学校のうちに算数でデータの取り扱いを学び、中学で既に統計を学びます。理

178　第4章　ディスカッション　博物館DXのいまとこれから
Current situation and prospects of Museum DX

系を選択しなくても、その世代は最初からデータや統計について学んでいるのですね。そういう学びが前提となった共通言語をもつ世代になってくるということです。

そうなると、私たちがその次世代に対してどのようにしていけばいいのでしょう。私はその世代と壁を作ってはいけないと思っています。私もなんとかしがみついて新しい世代にバトンをパスできるように、あがいてここまできました。ここから先は次の世代が、自分たちが新しい世界を作ってほしい、そこにつながるよう活動するのが、私たちの１つの使命なのかなと思っております。

それとは別に、関先生が危惧されたような人文学や本質的な価値については、実は全く悲観しておりません。今日紹介したような様々な技術というのは、私は全てユーザーとして関わっています。自分で開発しているものではないですね。このような技術について開発している方とお話をすると、皆さんただ売りたいだけのビジネスの人ではなくて、自分のテクノロジーに自負をもって有効に使いたいという方がほとんどです。ところが技術というのはあくまで道具なので、その道具で何をするのかという対象と目的がなければいけない。その目的と対象を示せるのが、まさしく今話題に上がっているような、人文学を含めた研究者、専門家なのです。どんなものに、どういう価値があって、そこにこういう目的をもって取り組むことには、こういう意義があるんだというのを伝えると、その技術の側の人たちが、自分の技術がいかにそこにコントリビュートできるのかという視点でよりブラッシュアップしていくという、そういう形で技術も生かされ、また本質的な価値を伝えたりすることで、その重要性が実はますます増していくのではないかと思います。

たとえば、今日紹介したような事例の１つを一緒に取り組んでいるプログラマーは、この活動を行うなかで、博物館学と考古学に興味をもち実際すでに放送大で受講しています。あるいは、その逆

2　博物館 DX に求められる次世代の人材育成　179

ルートも十分あり得ると思います。むしろ積極的に共働することによって、相乗効果が大きくなるのではないかと感じております。

🗨 **関** ありがとうございました。野口さんがおっしゃったように、私も最後にはこの相互関係が重要とまとめようと思っていました。私の代わりにまとめていただいたと思います。技術が本質を強くすることもあると思います。たとえばエクセルやプログラムが使えることによって新しい発見があって、人文科学の基礎が強まると。そこは私も全く問題ないと思っています。そして、基礎部分を追究する人材と、本質と博物館DX、文化財DXを結びつけるような人材と、あるいは村野さんがおっしゃった両方を兼ねた人材でしょうか。このような人材をどうやって育てたらいいのかを考えていきたいですね。

3 博物館DXと国際協力

🗨 **関** さて、先ほど中村さんの話にもありましたが、今回の公立小松大学次世代考古学研究センターの目標の1つに国際協力があります。中村さんも少し悩みなども語られていらっしゃいましたが、今日伺ったような博物館の活用の中でメインとなってくるのは、市民がそのデジタル化とどう付き合っていくのか。野口さんからも市民が参加し、それが地域活性化に繋がるような素晴らしい事例をご紹介してくださいましたが、国際協力という枠組みでもこのような市民の参加や協業ということについて、将来的な構想はお持ちでしょうか。国際的にもそのレベルまでお考えなのでしょうか。

🗨 **中村** はい、構想はもっています。具体的に今日お話ししたホンジュラスの活動についても、デジタルミュージアムという名前をつけており、村野先生、野口先生の助けを借りながらJICAとも連携をするつもりで話を始めております。

🗨 **関** その時の難しさもありますね。要するに、デジタル面での

180 | 第4章 ディスカッション 博物館DXのいまとこれから
Current situation and prospects of Museum DX

ギャップの問題です。特に開発途上国では、実は携帯の普及率は非常に高くて使えるけれど、反面パソコンやタブレットは使えないという、ある種いびつともいえる状況が見られます。日本の学生も最近同じ状況のようですが、具体的にはどういう困難な状況が予想されますか。

🐷 **野口** まさに今関先生おっしゃられた通りで、昨年から今年にかけて、ホンジュラス、グアテマラで DX 化をテーマにした研修を行うと、この隣接している中米の2国間でも、生活水準やコンピューターなどの電子機器の普及度合いが全く違います。グアテマラの首都にある大学で日本文化週間に研修を行った時は、みんな自分のスマートフォンで、さっき紹介したような 3D モデル技術を体験し、非常に満足してこのような取り組みをもっと行っていこうという機運が生まれました。このようなところはおそらく、この研修などをきっかけに DX 化がどんどん進んでいくだろうと思います。いっぽう、ホンジュラスでは、そこまでスマートフォンが普及していない状況がありました。

この状況を考えると、これからは多大な予算をかけて機器を寄贈したり設備を作ったりするのではなくて、その国あるいは国内の地域ごとに事前にアセスメントをした上で、現地のニーズや状況にあわせた適切な国際協力が必要になるのではないでしょうか。

その際、現地の希望も大事ですが、実際、現地で現地の人たちが継続的に運営できるのかという視点が重要だと思います。

冒頭に中村センター長もおっしゃったように、様々な技術を用いた市民参加を含めた博物館 DX を日本国内において試して、実際にどういうことができるというのを把握した上で、現地の状況にあわせて提供していくという、カスタムメイドの支援をきめ細やかにおこなっていく必要があると思いますし、そうしないと関先生がおっしゃられたような、デジタル・ディバイドの問題が起こり、支援し

てくれたけれど、現地で根付かなかったという結果を招いてしまうのかなと考えています。

🗨 **関**　ありがとうございます。私も文化遺産の国際協力に関わっていますが、機材供与の分野であまりうまくいっていない例を多くみかけます。どうして事前に相談してくれなかったのかなというような事例もあります。現地のデジタルの状況を考え、こういうものを導入したことによって、かえって社会的な格差が広がる可能性もあるということも、十分想定した上で進めていかなくてはいけないと思います。今ちょうど私は、自分の科研のプロジェクトのほかにJICA のコミュニティベースの観光開発のプロジェクトもあり、南米に来ています。このプロジェクトでも、もちろんデジタル化が重要です。旅行代理店やツアーオペレーターではなくて、コミュニティの人々自身が、デジタル情報を使いこなしながら、訪れる観光客にディスカバリートレイルを案内していき、収入を得ていくという構想です。このプログラムは、私たちが想像している以上に、みなさんが面白くやってくれているので、私も期待しています。私はデジタル化についてはまったく反対しておりません。今日は議論を活性化させるためにさまざまな視点からの意見を申し上げたのであって、ぜひうまく活用していきたいと思っています。

4　博物館 DX の輪を広げる

🗨 **関**　一方において、やはり映像作品でもコンテンツがないと作品は出来上がらないように、デジタル化にはコンテンツを作る元となる基礎研究は絶対的に必要である点は変わらないと思います。基礎的な研究自体も、デジタル化と合わせながらも、魅力ある発信をしていけたらいいなと思います。

　そうした事例をもっと発信していきたいですね。それこそデジタルを活用して、研究会などで共有されているおもしろい事例を、デ

182　第 4 章　ディスカッション　博物館 DX のいまとこれから
Current situation and prospects of Museum DX

ジタルプラットホームなどの活用で、もっと広く共有し、オープン
に話し合えるようなスペースが出来上がったらいいなと思います。

🔊 **中尾** そうですね、グッドプラクティスをどういうふうに共有
していくのかという部分で、プラットホームというわけではないで
すが、いま文化庁で「博物館総合サイト」というものを去年の 12
月から、立ち上げました。ここに博物の情報を取り入れていくこと
はもちろん、今まで、文化庁の月刊誌「ぶんかる」で連載していた
「いきいきミュージアム」という各地域の博物館の良い取り組み、
グッドプラクティスを紹介いただいていたりしますが、これらも紹
介していきたいです。

　今日、飛騨市の取り組みの話（本書85頁）がありましたが、こち
らも「いきいきミュージアム」でご紹介いただいた事例にもなりま
す。これから、そういった発信をどんどん高めていけたらと思って
ますし、予算事業の中の Innovate MUSEUM の成果も良事例にな
りますので、そういったものを発信するようポータルサイトとして
の作りも検討しているところです。頑張ってまいります。

🔊 **関** 本当に、文化庁も変わりましたよね。文化観光や文化資源
活用課というような活用を担っていくような部署も増えましたし、
いろんな情報があると思うんですけども、これからもどんどん発信
していってください。

　そろそろ、終わりに近づきましたが、実は私は今、JICA の事業
とは別に、自分の研究の対象地域にビジターセンターを作ろうとし
ています。しかし、博物館という名前はつけないと思ってます。な
ぜかというと、僕はずっと博物館で働いてた人間なんですけども、
博物館って名前をつけると、やっぱり規則がすごい厳しいんですよ
ね。もっと幅広く活用するために、博物館の枠を取ってしまったほ
うが自由に活動できると思うのです。博物館にしなければ、現地国
の法律やその文化、博物館部門のコントロールから逃れて自由にで

4　博物館 DX の輪を広げる　183

きます。

　だから、さっきの村野さんの話にもありましたように、まず何を
やりたいかが重要で、そのために、デジタル化なのか、博物館なの
か、ビジターセンターなのかという発想で進めていくかたちもある
のかなと今日聞いていて改めて思いました。特に村野さんの発表で
感じました。

　さて今日は長時間になりましたが、大変興味深い発表をありがと
うございました。日本はデジタル化が遅れてると言われますが、そ
うでもないと感じました。事例を世界で発表すればかなりトップは
高いレベルだと思いますね。これらの取り組みをいかに博物館に広
げていくのか。そのためには、私たち自身、あるいは社会全体、社
会制度全体的に、ものの見方あるいはやり方をこう変えていく、私
たちがこれを変えることができるような時代になってきて、昔のよ
うに国から降ろされたものをやればいいというのではなくて、市民
あるいは研究者レベルから提案していくことができるような時代
になってきたということも事実だと思いますね。この状況を認識
しながらも、良いバランスを取った研究と活用を、それぞれの職
場のところで展開していただければ、本当に良い日本あるいは世
界の未来が開けてくると思いますし、そういうことをやっていく
のが、公立小松大学の次世代考古学研究センターの役割の1つだ
とも感じました。

　拙い司会でしたけども、ここでパネルディスカッションを一旦閉
じさせていただきます。ご清聴ありがとうございました。

第4章　ディスカッション　博物館 DX のいまとこれから
Current situation and prospects of Museum DX

●執筆者一覧● （執筆順）

中村誠一　NAKAMURA Seiichi
公立小松大学大学院 特別招聘教授／次世代考古学研究センター長

中尾智行　NAKAO Tomoyuki
文化庁 博物館支援調査官

朝倉由希　ASAKURA Yuki
公立小松大学大学院／次世代考古学研究センター 准教授

三好清超　MIYOSHI Seicho
飛騨市教育委員会

佐久間大輔　SAKUMA Daisuke
大阪市立自然史博物館

矢野桂司　YANO Keiji
立命館大学 教授

赤間　亮　AKAMA Ryo
立命館大学 教授

阿児雄之　AKO Takayuki
東京国立博物館

西山　剛　NISHIYAMA Tsuyoshi
京都府京都文化博物館

岡崎　敦　OKAZAKI Atsushi
九州大学 名誉教授

中川源洋　NAKAGAWA Yoshihiro
株式会社ニコン 映像ソリューション推進室

宮田正人　MIYATA Masato
OM デジタルソリューションズ株式会社

中川大輔　NAKAGAWA Daisuke
株式会社エリジオン プロダクトマーケティング

白石淳二 SHIRAISHI Junji
Niantic

片山　響 KATAYAMA Hibiki
株式会社ニコン

堀内保彦 HORIUCHI Yasuhiko
NPO法人フィールド

嘉本　聡 KAMOTO Satoru
スタジオダックビル合同会社

田山健二 TAYAMA Kenji
TRC-ADEAC株式会社

内田剛史 UCHIDA Takeshi
早稲田システム開発株式会社

町田香織 MACHIDA Kaori
株式会社デザイニウム

平山智予 HIRAYAMA Tomoyo
株式会社ホロラボ

長坂匡幸 NAGASAKA Masayuki
株式会社ホロラボ

久田智之 HISADA Tomoyuki
みんキャプ運営委員会 運営委員長／株式会社アナザーブレイン 代表取締役／
愛媛大学工学部 非常勤講師／公立諏訪東京理科大学 外部講師

桑山優樹 KUWAYAMA Yuki
株式会社桑山瓦

関　雄二 SEKI Yuji
国立民族学博物館 名誉教授

●編者紹介●

野口　淳　NOGUCHI Atsushi

公立小松大学次世代考古学研究センター 特任准教授／産業技術総合研究所 外来研究員
1971 年生まれ。明治大学大学院文学研究科博士後期課程退学
【主な著作・論文】
『イスラームと文化財』新泉社（共編著）
『考古学・文化財デジタルデータの Guides to Good Practice』奈良文化財研究所（共訳）
「デジタルアーカイブス時代の文化財 3 次元計測」『日本画像情報学会誌』62(1)
「文化財・歴史資料を 3D で記録する」『多摩のあゆみ』191
「遺跡・埋蔵文化財包蔵地・遺跡地図－現状と課題・展望－」『日本考古学』5

村野正景　MURANO Masakage

静岡大学学術院情報学領域 准教授／京都府京都文化博物館 特別研究員／公立小松大学次世代考
　古学研究センター 特任准教授
1978 年生まれ。九州大学大学院比較社会文化学府博士課程退学
【主な著作・論文】
『京都文化博物館別館 重要文化財建造物 旧日本銀行京都支店のいま・むかし・みらい』京都府
　京都文化博物館（単著）
『「学校博物館」を成長させる－京都府立鴨沂高等学校所在資料の発見と活用 II－』学校資料研
　究会・京都府立鴨沂高等学校京都文化科（編著）
「ソーシャル・キャピタルと博物館－ウイズ・コロナ時代の社会貢献を目指して－」『資料と公
　共性 2022 年度研究成果年次報告書』九州大学大学院人文科学研究院
「学校で資料に出会う、気づく：資源化の実際と今後の活動可能性」『文化資源学』20
「文化遺産の継承そして創造へ－参加型考古学を試みる」『過去を伝える、今を遺す－歴史資料、
　文化遺産、情報資源は誰のものか』九州史学会・公益財団法人史学会

2024年9月10日　初版発行　　　　《検印省略》

博物館 DX と次世代考古学

編者
野口　淳・村野正景

発行者
宮田哲男

発行所
株式会社 雄山閣

〒102-0071　東京都千代田区富士見2-6-9

Ｔｅｌ：03-3262-3231

Ｆａｘ：03-3262-6938

URL：https://www.yuzankaku.co.jp

e-mail：contact@yuzankaku.co.jp

振　替：00130-5-1685

印刷・製本
株式会社ティーケー出版印刷

ISBN978-4-639-03000-3　C0030
N.D.C.069　200p　21cm
©NOGUCHI Atsushi & MURANO Masakage 2024
Printed in Japan